吉林师范大学学术著作出版基金资助

多模态视角下
政务微博话语研究

DuoMotai Shijiao Xia
Zhengwu Weibo Huayu Yanjiu

马莹 著

人民出版社

序

在自媒体基础上发展起来的政务微博,具有新鲜、迅速、透明、互动性强的特点,成为新时期政府机构发布信息、政民沟通的重要平台。本书以政务微博话语为研究对象,以 Halliday 系统功能语法为理论基础,秉持多种符号系统共同表达话语意义的基本原则,将政务微博话语研究置于多模态视角下,运用定量统计与定性分析相结合的研究方法,按照多模态分解、单模态分析、模态间关系考察、多模态综合分析的研究流程,系统发掘政务微博多模态话语特点。具体分章介绍如下:

绪论部分主要介绍论文的研究对象及研究意义,梳理国内外研究现状、说明研究方法及语料来源。

第一章对政务微博话语进行界定,论述政务微博话语的研究视角。政务微博话语是基于新型传播媒介带有政治话语特点的机构话语,所以政务微博话语的形式与内容除了受制于机构规则,也受制于媒体规则。政务微博话语的研究应从多模态角度进行。本章阐释了多模态话语的基本概念、理论背景、研究历史和现状,明确了本书的理论依据和研究思路。

第二章和第三章在自建语料库的基础上,用 MLCSS 进行词性标注及统计,进而从用词特点及修辞手段、语篇特征、言语行为方面对文本模态进行分析。政务微博不同于正式新闻语言,大量使用流行词语和修辞手段,使得政务语言更具亲和力,吸引更多受众的同时促使更多微民发挥舆论监督的作用。在多种主位推进模式的共同作用下文本语篇呈现出话题的一致性。在技术性与非技术性话语内容、平等与权势话语态度、严肃与亲和话语方式共同建构的文本语境下,不同意图的政务微博采取不同的发布策略。

第四章把图像分为静态图像、表情图像和动态视频图像,并分别加以分析。运用视觉语法的理论框架,挖掘视觉语法对静态图像阐释的基本原理。表情图像中,通过对表情符号本质与特征的考察,提出政务微博中表情符号具有补充语境、协调关系、情感安抚的语用功能。动态图像中,通过对 TED 视频进行成分分层切分和 ELAN 切分统计,发现动态图像中主次模态的身份不断变换,强化互补成为各符号间的主要关系。

第五章对政务微博语篇进行综合分析。经考察发现:政务微博多模态语篇的衔接与连贯呈现出立体化特点,衔接而成的语篇表现出多模态修辞特征。图像模态具有直观性,在多模态修辞中发挥主要作用,文本模态传达微博信息的意图,听觉模态提升画面传递信息的有效性。多模态手段的应用及彼此间的衔接是为了获得以广大受众认知语境为对象的最佳关联效果。

本书的完成要感谢黑龙江大学马彪教授和殷树林教授,写作本书过程中两位教授提出过宝贵的修改意见,感谢他们不吝赐教。针对本书的部分内容,我在北京大学做访问学者期间曾在赵杨教授的组会上与同组师生交流探讨,感谢北京大学对外汉语教育学院赵老师及其他各位老师提出的宝贵意见,最后吉林师范大学出版资助项目为本书出版提供经费支持,人民出版社为本书的出版做了很多工作。在此一并致谢。

马　莹

2023 年 3 月 16 日

于吉林师范大学

目　　录

绪　　论

一、研究背景与研究现状

（一）研究背景

最早的微博是美国 Twitter。2006 年 3 月,博客技术先驱 blogger 创始人埃文·威廉姆斯(Evan Williams)创建的新兴公司推出了微博服务。在最初阶段,这项服务只是用于向好友的手机发送文本信息。中国的微博,是微型博客(MicroBlog)的简称,是一种通过关注分享简短实时信息的广播式的社交网络平台。2009 年 8 月中国最大的门户网站新浪网推出"新浪微博"内测版,成为门户网站中第一家提供微博服务的网站,微博正式进入中文网主流和人们视野。用户可以通过 WEB、WAP 以及各种客户端组建个人社区,微博作为一种分享和交流平台,其更注重时效性和随意性,微博用户以 140 字以内的文字更新信息,表达出每时每刻的思想和最新动态。2009 年下半年,湖南省桃源县官方微博"桃源网"出炉,成为中国最早开通微博的政府部门。随后,云南、北京、肇庆、上海等政府部门,特别是公安部门开通众多以"平安+地名"的政务微博。2011年具有行业特色、地域特色的政务微博层出不穷,政务微博迅猛发展,以点及面地覆盖各级行政机构,成为政府部门发布信息的重要平台。截至2016年底,新浪微博平台认证的政务微博跟上一年比增加了一万多个,这其中绝大部分为政务机构官方微博,政府机构工作人员个人微博占一小部分。政务微博在民众沟通中发挥着越来越重要的作用。

（二）研究现状

在中国学术期刊全文数据库中以"政务微博"为检索词,从所收录的全部文章中检索篇名含有"政务微博"字样的文章。2011年之前没有相关文章,从2011年到2016年,共2464篇,其中按学科分类来看,中国语言文字仅有18篇,政务微博研究论文中各学科所占比例详见下图:

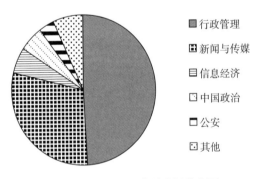

政务微博研究论文学科比例分布图

从上图可以看出对政务微博的研究主要集中在行政管理、新闻与传媒、信息经济、政治及公安几个学科领域,下面对各学科中的研究情况进行梳理。

　　行政管理学科对政务微博的研究,主要集中在政务微博的管理方式、运营策略、发展特点、实践方式等方面。杨峰《社会管理创新视野下的政务微博实践探索》(2012.6)基于政务微博的实践,探索分析了其在社会管理创新中的价值,提出政务微博的应用急需制度化的机制。刘丁蓉《政府危机公关视角下的政务微博运营优化》(2015.1)政务微博在政府危机公关中存在着预警机制不完善、对危机舆情应对能力不足、危机的信息互动滞后等问题,文章从专业化政务微博运营小组的团队建设、政务微博的日常运营管理和突发公共事件处理流程三个方面,构建了政务微博运营优化方案。荣毅虹、刘乐、徐尔玉《面向"互联网+"的政务微博变革策略——基于北上广深政府官微的效用评估》(2016.8)以北上广深四个城市的市政府官方微博为例,评估分析了政务微博效用的现状、问题和不足,从角色定位、运行管理制度和运行管理措施三个层面,提出了政务微博的变革策略,论述了具体举措。朱燕、潘宇峰《政务微博的发展趋势、特点和策略研究》(2016.8)通过对2014—2016年政务微博数据进行研究,发现地市级官微已成为发展主力,且各分系统官微的建设比较完善,而基层官微则存在多元性不足和塌方的风险,从而提出相应策略。崔金栋等《我国政务微博社会网络特征对比分析实证研究》(2016.12)利用社会网络分析工具,分别以江苏和吉林为例,对我国政务微博发达地区和欠发达地区进行中心性分析、凝聚子群分析和核心-边缘分析多项指标的对比分析,发现我国政务微博存在的问题,并依此提出针对性建议。

　　新闻与传媒学科对政务微博的研究主要集中在舆情分析、传播效果、传播媒介比较等方面。李晓霞《政务微博信息发布与传统媒体影响力的扩散》(2012.3)指出政务微博应针对具体事务突出权威信息的发布,重视与网民的互动交流,否则,"井喷"过后的政务微博会与公众渐行渐远。王静、孙国华《政务微博传播困境探微》(2015.4)通过研究指出政务微博传播存在身份困境、关系困境、表达困境和互动困境等四重困境,文章对四个方面的困境进行探析,提出脱离困境的建议。张明海、张友奇《政务微博传播中主导价值观与主流价值观的融合与互动》(2015.11),侧重研究政务微博中主导价值观和主流价值观融合与互动,需要构建微传播话语体系和完善网络行政大厅公共服务体系。刘泱育《我国地方政务微博"上情下达"传播效能研究——基于 31 个省会城市政务微博传播中央政府工作报告的实证分析》(2017.2)通过实证分析 31 个省会城市政务微博如何传播中央政府工作报告,探研地方政务微博"上情下达"的传播效能,并提出建议。

信息经济对政务微博的研究主要集中在信息发布、经济学分析等方面。梁芷铭《政务微博在舆论生态环境中的经济学分析——政务微博话语权研究系列》(2014.8)详尽分析了舆论环境中的经济价值,强调发挥政务微博最大效益的重要性和必要性。周莉、李晓、黄娟《政务微博在突发事件中的信息发布及其影响》(2015.3)采用内容分析法对政务微博在突发事件中的信息发布及其影响进行研究,认为政务微博更应注重发挥主导作用;应提高受众的参与度和互动度,发布关键帖引导舆论;要坚持受众本位的发布理念,彰显政府责任。刘翠莲、申灿《突发公共事件中政务微博的信息互动分析——以新浪微博平台为数据依托》(2016.9)结合新浪微博平台数据,结合一些实际案例,对突发事件中政务微博的信息互动情况进行了分析研究。

政治学对政务微博的研究主要集中在话语权研究、价值观体现、正能

量传播等方面。任莉《多重议程设置影响下的政务微博舆论引导》
(2016.8)针对多重议程设置影响下政务微博舆论引导的发展困境,提出
了相对应的解决策略,以期能够提升政务微博舆论引导力。聂勇《关于
微时代政务微博正能量传播问题的思考》(2016.2)指出政务微博的不断
发展使其成为正能量传播者,正面传播作用日趋明显,在实际发展中遇到
的问题,需要从政务微博的服务理念、功能定位以及科学管理方面进一步
改进,推进政务微博的健康发展。徐福林、梁芷铭、周玫《精神交往:当代
中国政务微博的核心诉求——政务微博话语权研究》(2016.6)一文研究
了精神交往在政务微博上的展开,这为政务微博带来新景象,为政务机构
治理提供了契机。

　　从 2011 年到 2016 年有关政务微博方面的研究论文属于中国语言文
字学科的仅有 18 篇,研究集中在政务微博语言特征、话语修辞、写作技巧
等方面。杨俊波、水淼、王春《政务微博的语言特征研究》(2016.6)一文
从语体和篇章两方面描写和归纳了政务微博的语言特征,从政务微博词
语选择、篇幅长短方面总结特点;政务微博篇章结构上借助图片、声像、网
页链接等超文本形式进行传播。陈万榕《突发公共事件中官方微博危机
应对话语修辞研究》研究在突发公共事件中,官方微博应对危机情况,所
以采取的话语策略。陈娅《基于网络平台的政务信息写作探究》
(2016.3)以三人网络政务平台发布的信息为研究对象,运用理论分析与
实证考察相结合的研究方法,选择语料库,分别对政务网站、政务微博、政
务微信等政务信息的写作特色进行分析比较,并对当前网络政务信息写
作中存在的主要问题进行分析和探讨。

　　短短六年间,有关政务微博的研究论文达到 2000 余篇,一方面学术
界对这一随着多媒体技术而出现的政务沟通新平台的重视,说明政务微

博日益发挥着显著的社会效应;另一方面,政务微博语言学领域与其他领域研究论文数量差异巨大,这说明与政治学、传播学等领域相比,语言学方面的研究还比较薄弱,仅有的 18 篇语言学方面的研究成果表明:学者们多在政务微博文本模态的基础上研究,忽视了政务微博中的其他模态,这些模态由非语言符号组成,也是表达政务微博整体语篇意义的重要组成成分,即使已经有学者注意到政务微博中图片、音乐、超链接在语篇中的重要作用,但并未进行深入和系统的研究。随着信息技术的发展、多模态政务微博语篇所占的绝对优势、人们对信息接收的多模态特点,对政务微博话语进行研究不可回避地要关注非语言因素,因此我们尝试从多模态角度对政务微博的话语进行系统的研究。

二、研究方法及语料来源

（一）研究方法

本书的研究对象是政务微博话语。笔者搜集具体的政务微博话语材料,使用定量研究与定性描写相结合的研究方法,按照多模态分解、单模态分析、模态间关系考察、多模态综合分析的思路对语料进行考察。对政务微博语料进行模态分解,对各模态进行单模态分析,考察各模态话语之间的关系,对取得广泛关注和良好互动的政务微博个案进行综合分析。

定量研究主要以自建的政务微博话语语料库为基础。对语料库中的话语材料进行数据的量化分析,为本研究提供科学的数据支撑,使政务微博多模态话语研究更具客观性,增强解释力与说服力。我们采用随机抽样的方法从《2016 年度政务微博综合影响力报告》排名前十二名的官方微博中抽样组建政务微博话语语料库,对语料库中的多模态政务微博话语作多模态信息标注,包括图像元素、表情元素、言语行为、语用策略等,尽量做到客观、全面地记录每一条政务微博话语信息。对总共收录的 1200 条政务微博文本,通过 MLCSS 分词标注系统进行词性标注。统计政务微博中高频图像类型,运用 ELAN 软件对政务微博中动态视频进行切分、统计,从而对政务微博文本模态及图像模态进行深入分析。

定性描述一方面是在语料库统计数据基础上进行的论述,另一方面是对语料库统计中无法涵盖部分的有力补充,如政务微博图像模态分析、表情模态分析、政务微博话语意向、价值观念体现等方面。

（二）　语料来源

论文的政务微博语料主要来自人民网舆情监测室发布的《2016 年度政务微博综合影响力报告》排行榜前十二名的政务微博,分别为:1. 公安部打四黑除四害;2. 平安北京;3. 共青团中央;4. 江宁公安在线;5. 深圳交警;6. 上海发布;7. 深圳公安;8. 深圳天气;9. 天津交警;10. 南京发布;11. 成都发布;12. 中国大学生在线。各政务微博认证信息、传播力、服务力、互动力及总分情况见下图:

排名	微博	认证信息	传播力	服务力	互动力	总分
1	公安部打四黑除四害	公安部治安管理局暨打四黑除四害专项行动办公室官方微博	98.00	95.76	98.86	97.90
2	平安北京	北京市公安局官方微博	95.99	97.11	94.48	95.61
3	共青团中央	共青团中央官方微博	98.82	76.05	99.59	94.57
4	江宁公安在线	南京市公安局江宁公局新浪微博社区委员会专家成员	98.87	71.04	98.76	93.26
5	深圳交警	广东省深圳市公安局交警支队官方微博	92.98	83.15	96.49	92.42
6	上海发布	上海市政府新闻办公室官方微博	95.35	80.27	91.74	90.89
7	深圳公交	深圳市公安局官方微博	88.05	94.86	89.01	89.80
8	深圳天气	深圳市气象局官方微博	90.15	96.30	85.20	89.40
9	天津交警	天津市公安交通管理局官方微博	88.14	98.46	86.07	89.38
10	南京发布	南京市委宣传部新闻发布官方微博	89.78	81.83	92.55	89.30
11	成都发布	成都市人民政府新闻办公室	89.69	80.97	92.07	88.90
12	中国大学生在线	教育部中国大学生在线官方微博、教育官微联盟成员	86.29	94.16	88.81	88.87

三、研究的理论意义与应用价值

　　本书以政务微博话语为研究对象,以多模态为视角,运用定量统计与定性描述相结合的方法发掘政务微博话语特点。政务微博是政府部门发布信息的平台,政务微博话语不仅反映社会现实,而且利于政务微博发布者在微博平台上更好地传递信息以及与公众进行有效互动,更好地发挥政务微博"网络问政"的功能。

（一）理论意义

1. 将政务微博话语研究置于多模态视角下。传统话语分析局限于语言本身，只注意语言系统、句法结构和语义类型及与社会文化和心理认知之间的关系，忽视了图像、声音、表情等其他意义表现形式。本书秉持多符号系统共同表达话语含义的基本原则，突破了传统话语分析仅局限于语言本身的分析框架，将图像、表情等非语言模态纳入研究范围，促进语言学与其他学科的融合。

2. 完善多模态话语分析理论，确定多模态话语分析的基本单位、理论框架、探讨多模态语篇的衔接与连贯、多模态修辞特征、探讨政务微博话语中多种模态间的关系及各模态间如何建构整体意义，理论上验证政务微博话语多模态研究的可行性，拓宽多模态话语分析的研究领域，丰富我国的应用语言学研究。

（二）应用价值

1. 系统揭示政务微博话语的特征。分析体现政务微博话语特征的各个模态部分，它们的组合方式、模态间的关系影响政务微博意义的建构，进而从多模态角度解释影响力大的政务微博话语引起广泛关注和良好互动的原因，研究成果可为研究政务微博的其他学科提供参考。

2. 为政务微博发布者提供理论依据和方法借鉴。提示政务微博发布者在使用各种模态时可能产生的不同效果,以及如何避免出现语言不规范问题,提高政务微博新闻语篇发布质量,有效地发挥政务微博的政务公开、宣传教育等社会功能,加强政府和公众之间的沟通行动效能,对于维护社会稳定具有非常重要的意义。

第一章　政务微博话语的界定及多模态研究视角

第一节　政务微博话语的界定

一、机构话语

（一）机构话语的概念和特点

机构不是一个社会组织的确定形式，而是一种多情态的理性规则装置，这种规则装置中融入的机构秩序不是由社会组织形式构成的，而是由话语进行调节的。机构话语是通过描写和分析特定场所中的话语来了解话语在机构中的呈现方式及话语与机构相互作用、相互影响的关系（Sarangi&Roberts，1999）。

机构话语与日常话语不同，二者的区别是机构互动中的不对称性，机构互动中，交际双方承担不对称的机构角色，这种不对称性可以表现为机构角色地位的不对等、话语权利的不对称等，与此不同的是，日常话语中的交际双方处于对等的地位，双方承担的交际角色和话语权利是对等的。

机构话语的特点是:1.机构话语参与者以任务为目的进行话语实践,例如120急救中心接到急救电话时会围绕处理急救情况进行对话、海关检查人员检查过关情况时围绕携带物品的安全性进行对话。2.机构话语具有一定的结构性,例如公司面试时一般遵守特定的程序,面试者对面试问题及回答方式有很强的预测性。

(二) 机构话语的研究内容

对机构话语的研究主要关注机构中的话语与文化、话语与权力和话语与身份等方面的内容。机构中的话语既能反映机构,又能建构机构,从个人维度来看,机构话语建构机构中个人的身份,从社会维度来看,机构话语体现话语背后隐藏的社会规约,从政治维度来看,机构话语反映权力的分布。研究机构话语有助于了解机构运作机制,机构话语是机构规则的表现形式,人们在机构中使用话语参与机构生活,研究机构话语是了解机构运作机制的切入点。研究者通常从机构成员的角度阐释他们建构意义的过程及机构的运行模式,这种研究角度有助于发现机构策略和机构成员预期之间的差距,探究造成差距的原因及缩小差距应采取的措施,从而促进机构健康发展。在机构互动中,人们往往关注机构话语中的弱势群体,如工作面试、医患对话、法庭辩论等体现控制策略的机构场景,通过机构话语探讨其中不对称的权利关系,考察机构中年龄、性别、工作、阶层等社会因素,进而解释机构话语对机构的建构作用。

(三) 政务微博话语与机构话语的关系

政务微博话语具有机构话语的共同特点,参与者以任务为导向进行话语实践,政务微博话语有其符合机构特点的结构性,政务微博中的交际者需要遵守一定的机构规则,作为机构话语中的一个小类,政务微博话语又具有不同于其他机构话语的自身特点,对政务微博话语进行研究,考察话语对机构的建构,可以帮助政务机构诊断出在政务微博发布中存在的问题,提出有效的策略,进而提高政务沟通效能。

二、传媒话语

当今社会大众传媒担负着信息传递、新闻报道的使命,要对社会中热点事件进行快速报道及真实反映,媒体报道的内容通过话语多视角地记录社会的演变及发展,在信息爆炸的今天,无论传媒手段如何现代化、报道样式如何多样化,语言始终是它的核心要素。传媒话语是新闻媒体向受众传播最新发生的具有新闻价值的信息时所用的话语。

传媒话语是随近代新闻事业的出现而产生的,是某一文化或社会制度下由传媒实体生产的表达一定意识形态的作品。传媒话语有着表述事实、传播信息的品质和风格。当代传媒除了包括传统的报纸、电视和广播等传媒手段,还加入了自媒体,其逐渐发展有代替传统媒体的趋势,自媒体是普通个体以博客、微博、微信等网络平台为传播途径,向大众或个人传播规范性或非规范性信息的一种新媒体形式,自媒体平台包括:博客、微博、微信、百度官方贴吧、论坛/BBS 等网络社区。不同的传媒话语因其传播方式的不同而有各自的特点,微博话语就是传媒话语中的一个方面。

我国学者对大众传媒话语的研究主要集中在新词的社会文化意义、传媒话语中的隐喻、传媒话语中字母词或新词的使用状况、大众传媒话语中交际者的职业身份对立场表达的影响、传媒话语中的性别歧视等。目前对传媒话语的研究方法主要有社会语言学分析、批评话语分析、统计分析、比较分析等。

政务微博与电视、报纸、广播都是大众传媒的手段,政务微博话语也属于大众传媒话语,具有传媒话语表述事实、传播信息的特点,同时因为传播手段、方式的不同,微博话语也具有区别于电视话语、报纸话语的自身特点。

三、政治话语

政治话语是指围绕政治所进行的具有一定意向的语言形式。政治话语不仅包括政治活动参与者在一定场合为达到政治目的的讲话,也包括新闻媒体对政治活动的报道和评论,它是在特定的政治语境下形成的语言形式,研究者一般从语用学和批评话语的视角来考察政治话语。近年的研究热点为:政治话语中意识形态的研究、政治话语中的语用预设研究、政治话语中的隐喻分析、政治话语中修辞手段的运用等。研究范围从领导人讲话、政府新闻发布会、政府工作报告逐渐扩展到电视新闻报道、政治辩论、政务微信和政务微博等方面。

可以看出政务微博话语是一种政治话语,政务微博中的话语实践者围绕政治事件和社会热点进行对话,话语内容为达到一定的结果,有一定的意向。政务微博的发布者旨在表明立场、发布政务、传扬社会正能量,微博的参与群众旨在政务了解、问题求决、参政议政,微博中政民之间采用互动式的交际模式,这使得政务微博话语成为不同于电视新闻和报纸新闻的"新型政治话语"。

四、政务微博话语

政务微博不同于个人微博和企业微博,它具有权威性和公信力,是政府部门在门户网站通过认证的,对微博的发布、管理和运营直接负责,对微博内容具有制定权和解释权的官方微博。

(一) 政务微博话语主体

政务微博言语实践者为政务微博的发布者和参与者,发布者和参与者是政务微博话语的主体,发布者是代表政府机构发言的工作人员,他们发布的内容代表政府部门的观点和形象。参与者包括普通微民、媒体和政府机构其他部门。

广大微民是政务微博的直接参与者,政府部门开设微博的目的也是与广大微民进行互动交流,因政务微博的传播媒介是互联网等移动终端,年轻人成为广大微民的主力军,这些参与者的重要性不亚于发布者,虽然广大微民怎么理解政务微博内容是自己的事情,但微民会根据自己的理解和想法提出疑问、点赞留言,为了更好地进行政民互动,发布者会根据广大微民的反馈意见调整发布策略和发布内容。

媒体和政府机构其他部门是政务微博的间接参与者,通过媒体对热点博文的宣传介绍和政府其他部门对博文的转发互动,扩大了政务微博在人民群众中的影响力,吸引了更多微民的关注,虽然没有直接参与微博留言和互动,但媒体和政府其他部门却间接参与其中,更因为权威媒体和政府其他部门对微博内容的浏览,政务微博的发布者时刻注意发布内容的真实性和权威性,媒体和政府其他部门也成了政务微博的核查者。

(二) 政务微博话语内容

政务微博根据自身的行政级别以及职能特色来决定发布内容,一般说来政务微博话语除了包括政府机构话语中所涉及的政府方针政策和执政工作方面的内容,还包括各种服务类和生活类信息。这些话语内容具有以下特性:

1. 话语内容的动态性

政务微博中不仅使用多种模式,更融入多元化因素,设置城市建设、政务评论、读书感想、人生感悟等多种议题,拉近政府与广大微民之间的距离,通过照片、视频、网页链接等多种手段充实政务微博内容,利用微博具有的转发和评论功能,扩大政务微博中正能量的影响和传递。

2. 话语内容的政务性

政务微博既体现政治性,又体现服务性。政务微博是各级政府部门宣传国家政策、舆论引导的重要平台,除此之外,政府机构也通过政务微博加强与民众的联系,倾听民众的声音,了解民众的诉求,由此服务民众。政务微博以政治性为主,但绝不仅仅体现政治性,服务性是政务微博的人脉圈。政务微博的话语内容体现政治、服务,二者缺一不可。

3. 话语内容的真实性

政府机构要保证话语的真实性，这是人民群众相信政府的基础，自媒体时代，任何事件都有可能通过各种传播途径被过度宣传，在传播过程中有人添油加醋甚至自我曲解，失真的内容会影响大众对事件本身的认知。政务微博发布者本着去伪存真的态度甄别政务微博中的转发微博，还原事件本来的面目，引导正确的舆论走向，在真实话语的基础上赢得民众的信任、树立自身的权威形象，以真诚、负责的态度拉近与广大民众的距离。

4. 话语内容的权威性

政务微博的话语内容具有权威性。政务微博是政府部门发布内容的平台，代表政府机构，首先要做到的就是内容的真实和可靠。无论原发微博还是转发微博，发布者都要仔细核查、追根溯源，原发微博保证公正客观，转发微博保证不能失真，不能把发布者自己的观点放在新闻事件中，只有确保内容的真实性，才能建立起话语内容的权威性。

机构话语、传媒话语、政治话语和政务微博话语之间关系密切，政务微博话语属于机构话语，确切地说，属于机构话语中传媒话语和政治话语的交叉部分，作为交集的核心部分，政务微博话语具有机构话语中大众传媒话语和政治话语的特征，我们认为政务微博是基于新型传播媒介带有政治色彩的机构话语，为了理解政务微博话语与三者的关系，明确研究对象的范围，笔者用图说明如下：

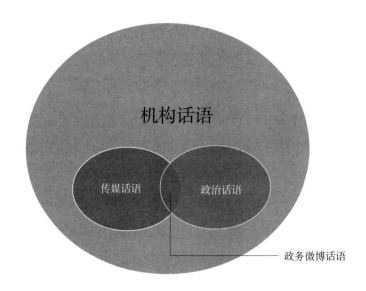

机构话语

传媒话语   政治话语

————— 政务微博话语

第二节   多模态话语分析的方法

多模态话语是本书的核心概念,在探讨政务微博话语特点之前,我们要对多模态话语及相关的概念有清楚的认识。

一、多模态话语及理论基础

(一) 多模态话语

长期以来,话语的多模态性没有受到人们的重视,直到现代语言学研究中,人们才开始从非语言特征和伴随语言特征的角度研究它,不过只把它作为一种语言的辅助表达系统,没有作为意义表达模态来研究。随着话语分析理论和现代新媒体技术的发展,如电脑、手机、移动终端等,传统话语分析显露一定的局限性,只注意语言系统和语义结构本身及其与社会文化和心理认知之间的关系,忽视了图像、声音、多模态话语等其他意义的表现形式。人们越来越清楚地认识到,语篇的意义不完全是由语言本身体现的,而是同时由多种非语言模态来体现的,多模态话语成为新的话语类型,这样,20 世纪 90 年代以后,话语分析领域出现了多模态转向。

多模态话语从不同角度可以有不同的解释。朱永生(2007)根据生理学上人类接收外界信息的五大器官,把模态类型分为五种,五大器官与五种模态类型相对应,如:眼——视觉模态、耳——听觉模态、鼻——嗅觉模态、舌——味觉模态、身——触觉模态。[①] 顾曰国认为"多模态是人类通过感官跟外部环境之间的互动方式。用单个感官是单模态,用两个的叫双模态,三个或以上的叫多模态"[②]。但根据系统功能语言学的代表人物 Halliday"把语言看作一个符号系统"的观点,多模态话语分析理论认为,每个模态来自一个符号系统,每个符号系统具有各自的系统和功能特征。Kress 和 van Leeuwen 指出"用多模态这个术语表示我们交际的方式很少由一种,即语言,来进行,而是同时通过几个模态,即多模态,通过把视觉、声音、语言等结合起来进行"[③]。张德禄把两者结合起来,把运用多

---

① 朱永生:《话语分析的理论基础与研究方法》,《外语学刊》2007 年第 5 期。
② 顾曰国:《多媒体、多模态学习剖析》,《外语电化教学》2007 年第 2 期。
③ Kress,van Leeuwen,*Multimodal Discourse:The Modes and Media of Contemporary Communication*,London:Arnold,2006,p.17.

种感觉、多种手段和符号资源进行交际的话语叫多模态话语。①

多模态话语产生的原因:(1)在对人类广泛的话语实践活动进行解释时,话语分析学者发现有必要阐明各种不同媒体,包括当年的交互性数码技术所产生的意义;(2)已经具备用于多模态话语分析的新技术和途径,如多模态标注工具;(3)目前不同学科的研究者都在尝试解决同样的问题,跨学科的研究已经很普遍。以往各个学科都有自己的研究领域、理论概念和研究方法,是一个多学科的时代,但是20世纪已经发展成为一个旨在解决具体问题的"多主题时代"。多模态话语分析则要体现出这种范式的转变,对信息的多模态分析、探索和获取都作出了重要的贡献。

在多模态话语中,我们要注意四个方面:话语、体裁、风格和情态。

1. 话语

社会符号学视角下的多模态话语认为:话语本质上是多模态性的,因为现实是由各种不同的话语和方式实现的,我们要探索统一现实是如何被塑造为不同话语的。现实转化为话语的四种基本转化类型:排除、重置、替代和增加。如:在新闻报道里会排除无关内容,使报道更简洁;可以对新闻报道的前后顺序进行重置,常见的是把最吸引人的部分放在开头,然后介绍事件的背景情况和补充信息等;替代指用概念替代具体,用一般替代个别;增加指增加成分,可以增加评论和背景等成分。

2. 体裁

内容、形式和功能是体裁的三大特征。体裁可以从内容上进行描述,

---

① 张德禄:《多模态话语分析综合理论框架探索》,《中国外语》2009年第1期。

也可以从表达的方式或使用的媒体上，即形式上来描述。体裁被看作是分阶段的、多模态的过程。它包括一系列的阶段，如"开头""主题""高潮"和"结尾"，从而表明交际是分步骤完成的。

3. 风格

不同体裁的语篇会表现出不同的风格特点。个体、社会和生活风格是表现多模态话语风格的 3 个方面。个体风格突出个体差异，它是身份的标志。社会风格表达我们所处在社会范畴的哪个位置，在社会活动中我们所扮演的角色，它体现社会属性，如身份、职业、性别、年龄、社会阶层等。生活风格把个体风格和社会风格结合为一体。人们在日常生活中使用生活风格来识别和解释更加复杂的身份和归属。

4. 情态

情态对于研究人们如何运用符号资源来实现价值和进行交际是非常关键的。语言表达的情态已经由语言学家进行过深入的研究。但情态也存在于其他的社会符号中，可以由其他符号系统的情态符号来表达，如图像、音乐、动作等。图像符号的情态有以下几种表达方式：(1)细节表达程度的连续体是一个情态系统的连续体。(2)背景表达程度和复杂度是另一个情态系统的连续体。(3)颜色饱和度形成第三个情态系统连续体(4)颜色差异程度是第四个情态系统连续体。(5)光影表达形成第五个情态系统连续体。(6)色调表达程度形成第六个情态系统连续体。这些情态系统连续体组成了图像的整体情态系统。它们互相补充，从不同角度和方面表达图像的模态，共同形成图像的模态系统。情态也可以通过其他符号系统来表达，例如声音模态可以像图像一样来研究。

　　多模态话语分析从系统功能语言学那里接受了语言是社会符号和意义潜势,语言以外的其他符号系统也同样表达意义;接受了系统理论,认为多模态话语本身具有系统性,每种模态内部有一定的规则,各种模态又按照一定的方式和规则组合起来;接受了纯理功能假说,认为多模态话语具有三大功能,并且概念、人际、语篇这三大功能在非言语模态中也有具体的表现形式;接受了语域理论,认为语境和意义关系密切,想要解读多模态话语意义,离不开语境因素。

(二) 多模态话语分析的理论基础

　　社会符号学是符号学的一个分支,研究具体的社会和文化环境中的人类有意义的实践,解释意义是如何在社会实践中生成的。它标志着现代符号学发展的新阶段,将符号学的研究重点从符号的内在特征转移到符号在社会行动和交际中的功能上来,成为最近发展起来的多模态话语分析的理论基础。

　　多模态话语分析理论主要源于 Halliday"语言作为社会符号"的论断。① 这代表了 Halliday 对语言学研究的一种观念、立场和角度。虽然 Halliday 强调语言在社会交际中的重要性,认为它是"最重要、最全面、最包罗万象的,但在语言之外还有许多其他的表意方式"。它们都是文化的承载者,文化可以定义为一系列符号系统,一系列相互联系的意义系统。语言是众多组成人类文化的意义系统之一。

---

　　① Halliday, *Language as Social Semiotic: The Social Interpretation of Language and Meaning*, London: Arnold, 1978.

1.社会符号学理论的特点

社会符号学理论本质上适应社会交际和社会互动,所以也被称为一种适用符号学理论,社会性、系统性、适用性、跨学科性、动态性以及多模态性都在一定程度上体现它是一种适用理论。

(1)社会符号学在本质上首先是社会性的。一个符号能代表的意义也是在社会中约定俗成的,符号和意义的关系不能由个人随意决定和改变,因为它具有社会性,社会符号学要研究符号和符号系统在社会实践和交际的运作情况及社会实践的创造。这表明社会实践不仅是有意义的,而且是从社会符号系统中选择的结果。

(2)就社会符号学的普遍价值来看,社会符号学主要研究理论如何更好地应用于社会交际,参与者如何运用符号系统做事。所以,在社会符号学中,我们研究人们如何解决实际问题,如何在具体的社会和文化语境中实现交际目标。

(3)就社会符号学存在的普遍形式来看,符号系统是交际过程中意义生成的资源。社会符号学研究的内容并不是脱离实际的空洞理论,而是以实现交际目的为目标,这也表明了社会符号学的适用性。它是言语实例化的意义潜势。符号系统并不是静态的物体,而是始终有可能在动态的社会和文化情景中被选择。

(4)就社会符号学实践本质来看,符号系统的研究被看作是建构符号理论以用作实际应用。这就意味着社会符号学研究领域将会大大超出符号系统本身,而进入许多和社会行动与活动相关的领域。

(5)社会符号学研究的重心是社会交际过程的变异和变化。社会环境不同、实践者不同、实践者的关系不同会发生不同的社会实践,同样,社会实践也不是一成不变的,也会受到环境、参与者、关系等诸多因素的影响。符号系统将会随着社会环境和权利关系的变化而变化,所以社会符号学研究的是社会实践的动态方面。

(6)社会符号学是多模态的。交际的成功除了语言,还涉及多种模态,有时可以脱离语言而进行成功交际,特别是进入自媒体时代,交际已经涉及多种媒介。不同模态之间互相补充,在建构话语整体意义中发挥着各自不同的作用。

2. 社会符号学的实践性

社会符号学关注的是如何运用符号系统以更好地实现交际、社会和行动任务。

社会符号学的实践性主要体现在以下几个方面:

(1)符号系统是生成意义的资源。在社会符号学中,资源是实践中的行动和对象,一个符号系统就是一种体现意义的资源,也代表一种意义潜势。

(2)符号是变化的。符号系统不是一成不变的,它随着社会的变化而改变,符号的变化通常是在原有资源基础上的延伸和变化,而不是彻底地改变。符号变化的主要方式是隐喻。隐喻的内涵是"转换",隐喻可以应用到语言之外的符号模态中。

(3)符号学原则。在社会符号学中,原则用以表示意义和语境层面的运作规律。根据各种模态运作的规律,符号要在一定的语境中体现意义,在不同的情景和语境中,符号原则的有效性也各异。

(4)符号功能。符号是人们在交际中选择体现交际者意义的资源。"结构功能"的思想进入了社会符号学理论。这都受到 Halliday 系统功能语言学三个元功能——概念功能、人际功能和语篇功能的影响。这点会在后文详细论述,这里不再深入探讨。

二、多模态话语研究概况

（一）国外研究概况

在国外,多模态话语分析最早的研究者是 R. Barthes,他在 1977 年提出的"图像修辞学",探讨图像在表达意义时与语言的相互作用。但直到 20 世纪 90 年代多模态话语分析理论在西方才蓬勃发展起来,标志性成果是由 Kress 和 van Leeuwen 在 1996 年出版的《阅读图像——视觉设计语法》,此书从系统功能语言学的角度探讨多模态话语,其后,很多学者开始从不同的角度进行了研究。O'Halloran(2004)研究了电影和数学语篇的特点[①];Norris(2004)发展了一个分析多模态互动的理论框架[②]。

随着多模态研究的发展,研究者的研究内容主要集中在理论中疑难问题探索,多维度模态识别和解读,分析工具的开发以及应用、各模态间纷繁复杂的关系等方面。学者们认同语言模态和非语言模态在整体意义建构中都起重要作用,二者都是多模态话语中不可缺少的部分。

（二）国内研究概况

在国内,多模态话语的研究还处在初步发展的阶段,已有的一些理论

①　Kay O'Halloran, *Multimodal Discourse Analysis: Systemic-Functional Perspectives*, London: Continuum, 2004.

②　S. Norris, *Analyzing Multimodal Interaction: A Methodological Framework*, London: Routledge, 2004.

探讨和应用研究的成果。胡壮麟(2006)分析了一次 PPT 演示竞赛中的 23 个 PPT 参赛作品,从多模态语篇意义建构的角度确认 PPT 演示已是一种重要的信息传递工具,成为一种新的语类。① 张德禄(2009)尝试建立多模态话语分析的综合框架,并探讨了各个模态之间的互补性和非互补性关系,语法结构与语篇结构之间的关系以及语法结构是如何体现概念意义、人际意义和语篇意义的。② 李战子(2012)探讨多模态研究的理论基础、研究途径和发展前景,指出我们在多种模态的系统语法构建、模态间关系研究、批评性多模态话语分析以及多模态研究的学科融合等方面具有探索空间。③ 顾曰国(2013)通过贴真建模的方法,对来自录音和录像的鲜活话语语料作概念建模、数据建模和操作分析。④ 韦琴红(2009)的英文专著《视觉环境下的多模态化和多模态话语研究》⑤,以"多元识读"(Multiliteracies)概念为出发点,导出视觉环境下多模态化和多模态话语研究的理论框架,并在此理论框架下结合现实生活中出现的多模态语篇,探讨了视觉交流中构图、颜色及印刷版式的意义,并从多元识读意识和能力出发,探讨多元识读对大学英语教学的启示。张德禄《多模态话语分析理论与外语教学》⑥一书,研究了外语课堂教学话语中不同模态间的关系,在研究不同的教学情境与教学模态之间的关系的基

---

① 胡壮麟、董佳:《意义的多模态构建——对一次 PPT 演示竞赛的语篇分析》,《外语电化教学》2006 年第 3 期。

② 张德禄:《多模态话语分析综合理论框架探索》,《中国外语》2009 年第 1 期。

③ 李战子、陆丹云:《多模态符号学:理论基础、研究途径与发展前景》,《外语研究》2012 年第 2 期。

④ 顾曰国:《论言思情貌整一原则与鲜活话语研究——多模态语料库语言学方法》,《当代修辞学》2013 年第 12 期。

⑤ 韦琴红:《视觉环境下的多模态化和多模态话语研究》,科学出版社 2009 年版。

⑥ 张德禄:《多模态话语分析理论与外语教学》,高等教育出版社 2015 年版。

础上,为外语教学建立了多模态话语教学选择系统。

国内研究除了多模态话语的理论基础、分析框架和核心概念等理论研究以外,最近几年,不断涌现多模态话语的应用性研究,多模态话语分析的应用主要涉及以下几个方面:

1. 二维平面的图文关系多模态研究

多模态话语分析的应用研究首先涉及图像符号与文字符号在多模态语篇中呈现出的差异及其二者所承载的不同社会文化,将二者结合起来,对其进行仔细观察、客观描写,文本如何建构整体意义及图像模态和文本模态的关系也是多模态话语研究的重点。梁兵、蒋平(2015)以 Royce 的符际互补理论与 Kress 和 van Leeuwen 的视觉语法为理论框架,分析旅游宣传海报的文字和图像之间相互协作的工作机制;[1]王莹、辛斌(2016)以德国《明镜》周刊的封面为例,探讨多模态语篇中图像与文本的互文性。[2]

2. 动态多模态话语分析研究

动态多模态话语主要指视频影像,视频影像通过图像、文字、音乐等多种方式来传递信息,研究这种复杂的多模态话语首先应对其进行转录,然后运用系统功能语言学的理论框架对其进行分析;最后,考虑动态多模态话语中各模态的自身特点,考察模态间的紧密关系,以便提出更广阔的分析思路。姚银燕、陈晓燕(2013)对一则企业形象电视广告进行转录和

---

① 梁兵、蒋平:《旅游语篇多模态话语分析与中国文化对外传播》,《外语学刊》2015 年第 2 期。

② 王莹、辛斌:《多模态图文语篇的互文性分析——以德国〈明镜〉周刊的封面语篇为例》,《外语教学》2016 年第 6 期。

分析,阐释了多模态广告话语中视觉和听觉模态在宣传企业形象中发挥的作用。①

3. 多模态教材及教学的研究

张德禄(2013)运用多模态体裁理论开展外语教学研究,将教学过程与教学目标相联系,使教学过程在多元读写能力培养框架的基础上实现模式化;②王慧君、王海丽(2015)借助于多模态理论及多模态教学思想,构建了以课上课下动态教学结构为核心、以开放性多模态学习环境为全方位支持的多模态视域下的翻转课堂教学模式;③吴婷(2017)对两则国家级外语微课大赛获奖视频进行了多模态话语分析,对微课视频里视觉模态中的图像和文本符号的关系做了深入探讨,归纳了不同微课视频题材、体裁及微课中不同阶段过程中视觉符号间的作用和效果。④ 薛轶(2017)指出多模态的学习资源已成为学生用以提高自己能力的主要资源,采用多模态的外语教学模式适应新形势下的学习要求,解决外语教学中涌现出的新问题势在必行。⑤

4. 多模态语料库的研究

张振虹、何美、韩智(2014)介绍了使用 Elan 软件构建大学公共英语

---

① 姚银燕、陈晓燕:《对视频语篇的多模态话语分析——以一则企业形象电视广告为例》,《外国语文》2013 年第 1 期。

② 张德禄、丁肇芬:《外语教学多模态选择框架探索》,《外语界》2013 年第 1 期。

③ 王慧君、王海丽:《多模态视域下翻转课堂教学模式研究》,《电化教育研究》2015 年第 12 期。

④ 吴婷:《外语微课的多模态话语符际间性研究——以两则微课大赛视频为例》,《外语教学理论与实践》2017 年第 1 期。

⑤ 薛轶:《多模态外语教学模式的反思——评〈多模态话语分析理论与外语教学〉》,《中国教育学刊》2017 年第 3 期。

多模态语料库的方法和过程,并对这一自建多模态语料库在大学公共英语教学等方面的应用进行了探讨;①张德禄、王正(2016)建立语料库,并进行标注和统计分析,在系统功能语言学的语类研究框架之下,对期刊封面这一多模态语类的特征进行归纳和描述;②张培佳、冯德正(2018)以修辞结构理论为重要基础的 GeM 模型是现有标注图文语料最系统的理论框架,展示 GeM 模型的应用步骤,以公共卫生海报语料库为例演示修辞结构的 XML 标注,并介绍借助计算工具 gem-tools 实现自动生成修辞结构图、统计语料库数据、检索修辞关系等多模态语料库研究的基本方法。③

　　国内学者对多模态研究表现出极大热情,运用多模态理论进行了多方面的应用研究,同时国内多模态话语研究还存在一些不足,主要体现为:静态文本分析较多,而动态多模态话语研究相对较少;应用研究中主观分析较多,客观统计较少;个案研究较多,归类研究较少,对模态间的关系尚未达成一致的意见。事实证明,学者们近年在多模态话语应用方面的研究符合两个趋势:一个是对模态关系的关注,另一个是多模态话语研究的复杂程度提高。多模态话语分析将来的发展必然涉及跨学科之间的合作,这样才能达到对技术、文本、语境和文化中的那些模式以及趋势的理解。

---

① 　张振虹、何美、韩智:《大学公共英语多模态语料库的构建与应用》,《山东外语教学》2014 年第 3 期。

② 　张德禄、王正:《多模态互动分析框架探索》,《中国外语》2016 年第 2 期。

③ 　张培佳、冯德正:《基于修辞结构理论的多模态语料库研究》,《当代修辞学》2018 年第 2 期。

三、政务微博话语的多模态研究视角

(一) 多模态视角的理论观点

1. 话语的意义不完全是由语言本身体现的,而是同时由多种非语言模态来体现的,语言具有意义潜势,非语言符号系统也是意义的源泉,视觉结构不只是对现实结构的复制,也是对客观世界和主观世界的反映,同时也是对人际关系的体现。视觉结构生成的图像可以表达意识形态。在多模态话语中,非语言模态在建构话语意义中扮演重要角色,有时甚至发挥主导作用。

2. 系统功能语言学 Halliday 提出了语言具有三大功能,这三大功能就涵盖了语言可能存在的所有功能,他把这三大功能称为"三大元功能"——概念功能、人际功能和语篇功能。概念功能是所说的内容在语言范畴中的表现,它主要由及物性过程来体现,反映的是经验关系。人际功能指说话人和受话人之间的互动关系,实现人际功能的手段主要包括语气、情态、人称和评价四个方面。语篇功能由主位结构、信息结构和衔接手段来体现。

3. Kress 和 van Leeuwen 建立了视觉语法理论框架,提出图像表达的三种意义:再现意义、互动意义和构图意义。① 再现意义根据矢量分为叙述再现和概念再现。互动意义反映参与者之间的关系,并通过接触、距离和视角三个方面来体现。构图意义主要通过信息值和和显著性来实现。

---

① Kress & van Leeuwen, *Reading Images*: *The Grammar of Visual Design*.London: Routledge, 1996, p.149.

Kress 和 van Leeuwen 阐述了构图意义的信息分布,图像上位传递理想信息,图像下位传递现实信息,图像从左到右是已知信息到新信息的分布,从图像中间到图像边缘是信息重要性逐渐递减的体现。显著性通过背景位置、虚实、色调和对比度等方式表现。

4. 非语言模态也可以表达隐喻,隐喻就其根本是一种思维方式。隐喻不仅是一种语言修辞方法,更是一种行为认知方式。一个模态即一个符号系统,借助一个特定的感知过程而被识解。人类可以感知多种隶属不同模态的符号系统。单模态隐喻为始源域和目标域通过一种模态来体现隐喻,但多模态隐喻中,始源域以一种模态体现,而目标域以另一种模态体现,始源域与目标域是由不同符号模态来实现的。

(二) 政务微博的多模态研究视角

我们从具体的话语材料分析入手,使用定量研究与定性描写相结合的研究方法,按照多模态分解、单模态分析、模态间关系考察、多模态综合分析的思路对语料进行考察。

首先对模态进行分解,从各部分来说,运用 Halliday 系统功能语言学中的元理论分析政务微博中的文本模态,运用 Kress 和 van Leeuwen 建立的视觉语法理论分析静态图像,运用 ELAN 软件分析动态图像,借鉴张德禄对模态间关系的阐述考察政务微博各模态间的关系,从互补关系和非互补关系两个方面考察。不同模态之间的关系影响多模态话语意义的表达。多模态话语分析理论认为多模态话语本身具有系统性,视觉结构不只是对现实结构进行复制,还是对现实世界的反映。我们从多模态角度对政务微博语篇做综合分析,考察能够体现多模态政务微博语篇特征的多模态衔接与连贯、多模态信息传递,并对政务微博中的多模态修辞进行细化分析。

本 章 小 结

　　本章中对政务微博话语进行了界定,并论述了政务微博话语研究的多模态视角。

　　政务微博话语是基于新型传播媒介带有政治话语特点的机构话语。我们对政治话语、传媒话语和机构话语的特点进行论述,揭示了政务微博话语与三者的密切关系。政务微博话语的形式与内容除了受制于机构规则,也受制于媒体规则。政务微博话语内容除了相关政策法规、政务概要等,微博内容扩展到人们生活的各个方面。政务微博话语的主体为政务微博的发布者和参与者,广大微民是直接参与者,媒体和政府机构其他部门是间接参与者和核查者,政府部门会根据广大微民的意见反馈调整微博发布策略,作为一种特殊的政治话语,发布者从平等交际者的角度发布政务微博内容。

　　政务微博话语的本体特征决定了我们对其采用的研究方法。多模态话语理论为阐释不同模态间相互组合传达出的话语意义奠定理论基础。通过对国内外多模态话语分析领域研究现状的阐述,明确了本书的理论依据和研究思路,基于不同模态性质及意义表达方式的不同,本书在自建政务微博话语语料库的基础上,采用语言学和修辞学的方法,分析文本模态,运用视觉语法分析静态图像模态,并把表情符号纳入静态图像的考察范围,使用 ELAN 软件对动态多模态语篇进行切分,考察不同类型多模态语篇中模态之间的关系,对多模态语篇进行综合分析。

第二章　基于语料库的政务微博词汇、句型特点分析

多模态政务微博语篇可以分为静态多模态政务微博语篇和动态多模态政务微博语篇,静态多模态政务微博语篇是博文和图片的结合,可分成文本模态和图像模态;动态多模态政务微博语篇包括微博博文和视频,是文字、图像和音效的结合,可分成文本模态、图像模态和声音模态。文本模态主要指政务微博博文中的文字表述,本书中对文本模态的研究采用自建语料库、统计分析的方法,在统计数据的基础上,研究政务微博文本模态中词汇特点及句型特点。

第一节　政务微博文本语料库建设

语料库语言学立足于大量真实的语言数据,对语料库系统穷尽的观察和概括所得到的结论对语言理论建设具有创新意义,语料库语言学以真实语料为研究对象,通过概率统计得出数据,研究者在此数据的基础上进行分析并得出结论,语料库语言学降低了语言研究中的主观

部分,让语言研究变得更客观,从实证方面支撑研究结论,为语言研究提供数据支持,语料库语言学在语言学的许多领域发挥越来越重要的作用。

一、语料采集

语料库语言学通常包括两方面的内容:一是对自然语料进行加工、标注,二是用已经标注好的语料进行语言研究和应用开发①。本书对词汇和句式的研究以自建的政务微博文本语料库为基础。下面我们对自建语料库中的语料采集进行介绍:

我们采用随机抽样的方法从《2016 年度政务微博综合影响力报告》排名前十二位的官方微博(1.公安部打四黑除四害;2.平安北京;3.共青团中央;4.江宁公安在线;5.深圳交警;6.上海发布;7.深圳公安;8.深圳天气;9.天津交警;10.南京发布;11.成都发布;12.中国大学生在线)中随机抽样组建政务微博文本语料库,每个官方微博随机抽取 100 条原创微博,共1200 条博文内容,组成政务微博文本语料库,按照内容不同进行人工标注,其中政务宣传类微博 764 条,生活服务类微博 436 条。这前十二名政务微博是中国舆情监察网对所有政府部门实名注册的微博从传播力、服务力和互动力三个方面的影响数值进行统计得出的结果,影响力较大的官方微博更新速度快、内容涉及面广、微博数量丰富、官民互动性强,从中抽取的语料能以点带面地反映政务微博情况,语料具有代表性。

---

① 黄昌宁、李涓子:《词义排歧的一种语言模型》,《语言文字应用》2000 年第 3 期。

二、软件选取

运用自然语言处理软件对总共收录的 1200 条政务微博文本进行加工,一般使用的分词标注软件有中科院汉语分词标注系统(NLPIR/ICT-CLAS)和传媒语言语料库分词标注系统(MLCSS),前者适用面较广,任何语体都可以使用,后者仅适用于传媒语言。通过前文论述可知政务微博语言是一种传媒语言,所以两个软件都可以用来加工政务微博文本语料,政务微博因其传播媒介特点所以受网络语言环境影响,吸收了大量网络热词、新词,我们把在政务微博中出现的一些网络热词输入两个分词标注系统,如"富二代"NLPIR 标注为"富/v 二/m 代/q",MLCSS 标注为"富二代/n";"拔草"NLPIR 标注为"拔/v 草/n"MLCSS 标注为"拔草/v";"细思恐极"NLPIR 和 MLCSS 都标注为"细/a 思/v 恐/d 极/d",可见两个分词标注软件都存在标注失误的情况,研究中需要结合人工校对,但 NLPIR 对网络新词、热词收录不及 MLCSS 丰富和全面,所以我们选择 MLCSS 对语料进行分词及标注。

MLCSS 分词标注系统具有分词粒度可调、词性标注功能加强、关键词提取、新词发现等功能。使用中有三组选项,分别是"切分颗粒度选项""词性输出选项"和"标记集选项"。"切分颗粒度选项"中的"细粒度"可以对人名中姓和名进行切分、对组合型的机构名、地名和专名进行切分、对组合型时间进行切分、对组合型数字进行切分、对组合型量词进行切分,而"粗粒度"对以上各项不能切分。

"细粒度"指按较小颗粒度原则进行切分,如:

人名"李宝刚"切分为"李/snr 宝刚/nr";机构名"黑龙江大学"切分

为"黑龙江/ns 大学/n";地名"黑龙江省哈尔滨市"切分为"黑龙江省/ns 哈尔滨市/ns";其他专名"吉林日报"切分为"吉林/n 日报/n";组合型时间"明天中午"切分为"明天/t 中午/t";组合型数字"六百七十二"切分为"六/m 百/m 七/m 十/m 二/m";组合型量词"元/平方米"切分为"元/q/w 平方米/q"。

"粗粒度"指按较大颗粒度原则进行切分,上面所述内容都不能进行切分。

我们在研究中选择粗粒度对语料进行切分和词性标注,针对粗粒度可能存在个别词语分词不全问题,在分词后辅以人工校对的方法进行改正。

词性输出选项:一个单词可能有多个兼类词性,可根据研究目的进行选择,选项有三个值,分别是"单词性""所有词性"和"无词性"。(1)"单词性"指每个单词只标注一个词性,这个词性就是分词系统为单词选择的最佳词性。(2)"所有词性"是指所切分的词兼有多个词性,分词系统输出时会在括号中显示该词的所有词性。例如,"的"字切分后按所有词性输出为"的/u(Dg-Ng-u)"。"/u"表示在所切分的句子中"的"是"助词",后面括号中的是"的"字的所有词性,"Dg-Ng-u"是"副语素-名语素-助词"的意思,不同词性之间用"—"分隔。(3)"无词性"输出切分结果中不包含词性。

我们在进行材料分析时选择单词性,即系统为单词选择的最佳词性,并对此进行人工干预,保证词性标注的准确性。

标记集选项:可选的词性标记集有"CUC"词性标记集和"PKU"词性标记集。"PKU"指北京大学计算语言学研究所制定的词性标记集,"CUC"指中国传媒大学国家语言资源监测与研究有声媒体中心制定的词性标记集,该标记集以北京大学计算语言学研究所制定的切分标记集为基础,并在此基础上进行了细分。CUC 标记集中共有 76 个标记,PKU 系统标记集中共有 39 个标记,因 CUC 标记集切分得过于细致,PKU 标记集已经能满足我们的研究,所以我们对政务微博语料库进行词的切分与词性标注时选择"PKU"所包含的标记集选项。

分词标注系统词性标记集

序号	标记名称 PKU(北大)	标记	标记名称 CUC(中传)	标记	样例
1	普通名词	n	普通名词	n	天空、大海、桌子、椅子、人、狗
2	方位词	f	方位词	f	前、后、上、下、内、外
3	人名	nr	姓氏	snr	张、王、李、赵、钱、孙
			人名	nr	于志国、田中由子、黄晓明、安娜
4	地名	ns	地名	ns	纽约、深圳、长春、底特律
5	机构名	nt	机构名	nt	国务院、清华大学、人民大会堂
6	专名	nz	产品名	nq	小米手机、联想电脑、华为手机
			其他专名	nz	金马奖、百花奖、耐克、安踏
7	时间词	t	时间词	t	今天、2008 年、五月、明朝
8	处所词	s	处所词	s	地区、岸边、岸上、半空、北方

续表

序号	标记名称 PKU(北大)	标记	标记名称 CUC(中传)	标记	样例
9	动词 (包括 vd、vn)	v	动词	v	跑、看、写、研究、商量、学习
			动词重叠式(1)	vv	尝尝、试试、休息休息、研究研究
			动词重叠式(2)	vyv	尝一尝、听一听、唱一唱
			动词重叠式(3)	vlv	尝了尝、听了听、休息了休息
			动词重叠式(4)	vlyv	尝了一尝、看了一看
			动词重叠式(5)	vbv	想不想、爱不爱、跑不跑
			动词重叠式(6)	vmv	去没去、听没听、休息没休息
			动词重叠式(7)	vvo	吃吃饭、见见面、聊聊天、理理发
			动词疑问缺损式	vvq	愿不愿意、相不相信、知不知道
			离合动词分离时	v1/v2	理/v1 了/u 一/m 次/q 发/v2
			趋向动词分离时	vq1/vq2	抬/v 起/vq1 头/n 来/vq2
10	形容词 (包括 ad、an)	a	形容词	a	脏、漂亮、整洁、伟大、
			形容词重叠式(1)	aa	脏脏(的)、漂漂亮亮、清清楚楚
			形容词重叠式(2)	aba	脏不脏、贵不贵、漂亮不漂亮
			形容词重叠式(3)	ala	马里马虎、古里古怪、土里土气
			形容词疑问缺损式	aaq	伟不伟大、清不清楚、美不美丽

续表

序号	标记名称 PKU（北大）	标记	标记名称 CUC（中传）	标记	样例
11	区别词	b	区别词	b	男、女、长期、共同、袖珍、大型
12	状态词	z	状态词	z	蜡黄、干瘦、闹哄哄
			状态词重叠式	zz	蜡黄蜡黄、干瘦干瘦、冰冷冰冷
13	代词	r	代词	r	他、它、她、谁、哪、什么、怎么
			代语素	Rg	吾、汝
14	数词	m	数词	m	万、亿、六、八、九
			数词重叠	mm	千千万万
			数量词	mq	很多、许多、大量、部分
			数量词重叠	mmq	很多很多、许许多多
			数语素	Mg	申、辰、戌、未
15	量词	q	量词	q	匹、头、串、幅、双、只、支、棵
			量词重叠式（1）	qq	户户、支支、遍遍
			量词重叠式（2）	qqy	一户户、一支支、一遍遍
			量词重叠式（3）	qqm	一户一户、一遍一遍
16	副词	d	副词	d	就、又、都、已经、仅仅
			副词重叠	dd	非常非常、特别特别、逐渐逐渐
17	连词	c	连词	c	但、不仅、那么
18	介词	p	介词	p	把、在、从、被、比

续表

序号	标记名称 PKU（北大）	标记	标记名称 CUC（中传）	标记	样例
19	助词	u	助词	u	的、地、得、所、被
20	语气词	y	语气词	y	了、吧、吗、呢、啊
21	拟声词	o	拟声词	o	扑哧、叮咚、叮叮当当
22	叹词	e	叹词	e	哎呀、啊、唉、哦
23	前缀	h	前缀	h	老、小、第、阿、头
24	后缀	k	后缀	k	者、迷、家、性、儿
25	不明词语	x	不明词语	x	
26	缩略语	j	地名缩略	jns	皖、沪、吉、粤、蒙
			机构名缩略	jnt	哈工大、哈医大、哈工程
			名词性缩略	jn	流感
			动词性缩略	jv	扶贫
			区别性缩略	jb	大中型、中西式
27	成语	i	名词性成语	in	风霜雨雪、琴棋书画、亭台楼阁
			动词性成语	iv	窃符救赵、凿壁借光、滥竽充数
			形容性成语	ia	相貌堂堂、面红耳赤、骨瘦如柴
			副词性成语	id	设身处地、不约而同

续表

序号	标记名称 PKU（北大）	标记	标记名称 CUC（中传）	标记	样例
28	习语	l	话语标记	ldm	说实话、说实在的、换句话说
			名词性惯用语	lgn	安乐窝、应声虫、恶作剧
			动词性惯用语	lgv	撑场面、唱高调、戴高帽
			副词性惯用语	lgd	一股脑、一而再再而三
			谚语格言	ly	只要功夫深，铁杵磨成针
			名词性习语	ln	阿Q精神、犬马之劳
			动词性习语	lv	开胸验肺、拔得头筹、白头相守
			形容词性习语	la	灰头土脸、老大不小
			副词性习语	ld	挨门逐户、不怎么、从始至终
			时间性习语	lt	从今往后、从古至今
29	名语素	Ng	名语素	Ng	厢、锤、淀、衫
30	动语素	Vg	动语素	Vg	骇、殇、睨、贺
31	形语素	Ag	形语素	Ag	聪、瘠、韧、姣
32	副语素	Dg	副语素	Dg	倏、枉、径、弗
33	时间语素	Tg	时间语素	Tg	今、昼、昨、昔
34	标点符号	w	标点符号	w	；：…… 、

　　由此我们确定使用传媒语言语料库分词标注系统（MLCSS），按照粗粒度原则、单词性选项、采用北京大学计算语言学词性标记集（PKU）对语料库进行研究。

第二节　基于语料库的政务
微博词汇特点

　　我们对来自 12 个官方微博的 1200 条微博博文组成的政务微博文本语料库进行分析,MLCSS 自动标注和人工校对相结合,为划分出来的词标注名词、动词、代词、形容词、副词、数词、语气词、拟声词、成语、习语、惯用语等属性,得到词层面的相关数据,对相关数据统计分析,下面我们从词汇密度与词型例比、词类与词长分布、惯用语比重、特殊标点符号使用频率四个方面总结政务微博词汇特点。

一、词汇密度与词型例比

(一) 词汇密度

　　Ure(1971)最早提出词汇密度,他将词汇密度定义为语篇中实词数与词汇总数之比,计算公式为:

　　词汇密度=实词数/词汇总数×100%　　　　　　　　　(公式 1)

　　这一公式被人们广泛运用,因为实词具有实际意义,因而词汇密度一定程度上表明了语料传播的信息量,因此词汇密度可以衡量语篇的信息量;词汇密度比例与语料的书面语化程度成正比,Ure 运用词汇密度的公式对语言材料进行统计与分析,得出 40%是口语和书面语分界值的结论,即词汇密度在40%以下,材料中口语性更明显,王彬(2006:285)通过对书面语体的统计分析,指出《新闻联播》词汇密度达87%。①

我们对政务微博文本语料库中总体词汇密度、政务宣传类微博词汇密度和生活服务类微博词汇密度分别进行统计,结果如下:

词汇密度统计

语料	政务微博文本	政务宣传类政务微博	生活服务类政务微博
词汇密度	69.45%	79.03%	51.62%

政务微博文本语料库总体词汇密度为69.45%,参考 Ure 和王彬对口语和书面语词汇密度的研究结果,通过数据对比,可以看出政务微博语体介于口语和书面语之间,虽属于书面语,但书面化程度较低。政务宣传类政务微博和生活服务类政务微博的词汇密度差距较大,虽然二者词汇密度都高于40%,属于书面语,但政务宣传类政务微博书面化程度高,接近《新闻联播》的书面化程度,而生活服务类政务微博书面化程度低。词汇密度一定程度上也体现着语篇难度,词汇密度越大,语篇难度越大,反之亦然。可以看出政务微博总体词汇密度远低于《新闻联播》词汇密度,这说明政务微博语言难度不大,政务微博中较少出现生僻难懂的晦涩词语,语言简单平实、易于理解,才能达到政府机构和民众的有效沟通。

(二) 词型例比

词型例比是词例数与词型数的比例关系,词型例比数值的高低可衡

---

① 王彬、王依然、文采菊:《基于标注语料库的〈新闻联播〉语言特征统计分析》,《第三届计算语言学研讨会论文集》,2006年,第285—290页。

量语篇中词汇的丰富程度,词型例比数值越低,词汇越丰富。书面语一般比较严密,词汇量比口语丰富(梁奇 2006:68—74)。词型例比的计算公式为:

词型例比=词例数/词型数　　　　　　　　　　　　　　　(公式2)

按照公式,我们得出政务微博总体词型例比、政务宣传类微博词型例比和生活服务类微博词型例比,结果如下:

词型例比统计

语料	政务微博文本	政务宣传类政务微博	生活服务类政务微博
词型例比	4.9039	3.1735	5.2461

研究结果显示,政务微博词型例比为4.9039,其中政务宣传类政务微博词型例比数值较低为3.1735,生活服务类政务微博词型例比为5.2461。黄伟、刘海涛的研究表明:传媒口语的典型代表《实话实说》的词型例比为5.5418,传媒书面语代表《新闻联播》的词型例比为2.9624。[①] 通过对比,政务宣传类政务微博词型例比数值接近《新闻联播》,书面化程度较高、词汇较丰富;生活服务类政务微博语料的词型丰富程度接近《实话实说》,政务微博总体语料词型例比数值介于传媒口语和书面语之间,更靠近口语语料数值。这说明政务微博话语虽属于传媒话语,本应书面语较丰富,但实际上口语化更加明显。

---

① 黄伟、刘海涛:《词频分布参数可以细分汉语新闻语体吗?》,《语言教学与研究》2017年第7期。

二、词类分布与词长分布

(一) 词类分布

笔者对政务微博语料库进行词的切分与词性标注时选择北京大学计算语言学研究所制定的词性标记集选项,我们排除标记集中的前接成分、后接成分、语素和不明词语,并把人名、地名、机构名和专名归入普通名词类,因成语、缩略语和习语都属于惯用语,且要在后文专门比较论述,所以在此把这三类归入惯用语一类,标点符号也在后文专门论述,所以在此不体现。这样我们划分出 17 个类别,并统计了不同词类的词语在政务微博语料中使用的比率。

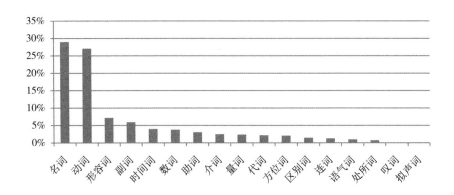

政务微博词类频率统计

从各词类在政务微博中出现的频率来看,语料中名词和动词出现频率最高,两类词总数已经超过语料总词数的一半,紧随其后的是形容词、副词和时间词,这些实词承载信息量较高,能够在有限的篇幅内有效地表述新闻内容,满足政务微博传递信息的需求。政务微博话语属于传媒话语,量词、代词、方位词等在政务微博中利于表述时间、人物和地点等常见的新闻要素,所以出现比率并不低。叹词和拟声词在政务微博中出现频率极低,可能是因为叹词和拟声词常出现在对话口语和诗歌等文艺语体中,从上文的分析可知,政务微博语料是口语化明显的书面语,所以政务微博中叹词和拟声词出现频率极低可以理解,但语气词频率并不低,我们可以推知政务微博中语气较为丰富。

　　笔者把语料库中的政务微博按内容分为政务宣传类政务微博和生活服务类政务微博,笔者发现:(1)来自语料库的两个样本总体均符合正态分布。(2)来自语料库的两样本总体方差齐。在进行 t 检验之前,我们用方差齐性检验来推断两个样本代表的总体方差是否相等,主要看较大样本方差与较小样本方差的商是否接近"1",我们的两类政务微博样本方差比接近 1,我们认定两个样本代表的总体方差齐。符合以上两点,我们可以对两个样本用 spss 软件进行 t 检验,除去无统计学意义上差异的几类虚词和比值过低接近 0 的拟声词和叹词,研究数据表明,名词、动词、形容词、副词、时间词、数词、量词、区别词、处所词这 9 类具有统计学意义上的差异。我们统计了这九个词类在两类政务微博语料中的比值、均值和标准差,如下:

两类政务微博词类 t 检验数据

样本\词类	政务宣传类微博样本			生活服务类微博样本		
	比值	均值	标准差	比值	均值	标准差
名词	29.8506	0.034972	0.0351644	27.1304	0.005739	0.0117433
动词	27.1041	0.027641	0.0384156	25.4613	0.005145	0.0105341
形容词	6.4450	0.021933	0.0231123	7.3189	0.003762	0.0173467

续表

样本 词类	政务宣传类微博样本			生活服务类微博样本		
	比值	均值	标准差	比值	均值	标准差
副词	5.1392	0.017891	0.0543317	6.7109	0.003981	0.0478155
时间词	3.7723	0.020479	0.0245595	4.0246	0.004172	0.0098643
数词	2.9857	0.030782	0.0612376	3.1034	0.008739	0.0593391
量词	2.4132	0.022546	0.0531602	2.2812	0.001839	0.0447256
区别词	1.5909	0.031972	0.0292130	1.3750	0.005637	0.0153719
处所词	0.6217	0.030558	0.0298816	0.5913	0.004819	0.0145517

　　从统计数据可以看名词、动词、形容词、副词、时间词、数词、量词、区别词和处所词这9类词在两个样本中出现频率与前文分析的总体语料库中词类分布一致,两个样本中词类比值差异不大,但均值差异较大,使用比值差异不大的情况下,均值越大,词型越少,可见生活服务类政务微博中的词型丰富度高于政务宣传类政务微博。

　　标准差代表词型使用频率的波动,标准差越大,使用频率的波动越大,词型使用频率的离散程度越大,话题越集中,相反,标准差越小,波动越小,使用频率越均衡,话题越分散。政务宣传类微博样本中的各词类标准差都高于生活服务类微博样本,这表明生活服务类政务微博中词型使用频率更均衡,词频差距也更小,话题更分散,这9个词类在政策宣传类政务微博中词型使用频率波动更大,政策宣传类政务微博样本话题更集中。书面语中话题相对固定,口语中话题往往比较离散,这也从另一个角度验证了政策宣传类政务微博书面化程度更高,而生活服务类政务微博口语化程度更明显。

（二）词长分布

词长一定程度上代表了语言单位的复杂性，我们对政务微博语料库中的词长分布进行了统计，结果如下：

词长使用频率

语料 ＼ 词长	单音节词	双音节词	3 音节词	4 音节词	5 音节及以上词
政务微博语料	38.67%	51.34%	6.22%	1.91%	1.86%

从词长分布统计数据可以看出，政务微博中双音节词出现频率最高，其次是单音节词，然后是 3 音节词，三者频率相加已经达到 96.23%，邓耀臣、冯志伟的研究表明，口语中，音节数小于和等于 3 的词汇使用频率高于书面语。[①] 我们可以推知政务微博一般由 3 音节及 3 音节以下词组成。如我们截取北京发布（北京市政府新闻办公室官方微博）的一条：

北京发布 Ⅴ 👑

2017-3-30 18:00 来自 政务直通车

【房屋中介网站虚假宣传"商改住"被注销备案】#社会治理#北京市住建委执法部门加大对房地产市场的执法检查力度，对影响较大的房地产中介公司网站进行了抽查。检查中发现房天下网站有部分"商改住"项目销售信息，执法部门已启动执法程序，注销该公司房地产经纪机构备案。

---

① 邓耀臣、冯志伟：《词汇长度与词汇频数关系的计量语言学研究》，《外国语》2013 年第 3 期，第 29—39 页。

通过切词分析得到下文:"【/w 房屋/n 中介/n 网站/n 虚假/a 宣传/v '/w 商/n 改/v 住/v'/w 被/u 注销/v 备案/v 】/w #/w 社会/n 治理/v #/w 北京市住建委/nt 执法/v 部门/n 加大/v 对/p 房地产/n 市场/n 的/u 执法/v 检查/v 力度/n,/w 对/p 影响/v 较/d 大/a 的/u 房地产/n 中介/n 公司/n 网站/n 进行/v 了/u 抽查/v 。/w 检查/v 中/f 发/v 现房/n 天下/n 网站/n 有/v 部分/n '/w 商/n 改/v 住/v'/w 项目/n 销售/v 信息/n,/w 执法/v 部门/n 已/d 启动/v 执法/v 程序/n,/w 注销/v 该/r 公司/n 房地产/n 经纪/v 机构/n 备案/v 。/w"整篇政务微博基本由 3 音节及 3 音节以下词组成。词长越长,语言单位越复杂,政务微博是一种基于新媒体的微型语体,微博语篇受到 140 字的限制,发布者一般会使用精简的语言表达意义,因此,在政务微博中更好地体现了语言的经济性原则。在不影响语意表达的情况下,多使用单音节和双音节词,降低语言单位的复杂性,可以达到简洁、精练的表达效果。

三、缩略语、成语和习语

缩略语是为了称说方便,使事物称谓中的成分进行有规律的节缩或者省略从而形成的紧密结构,最终成为一个可以自由使用的语言单位。成语是经过长期使用、锤炼而形成的固定短语。习语是其真正含义不能从字面推知,蕴含丰富文化内涵,具有鲜明民族特色的惯用固定词组。我们对政务微博语料中缩略语、成语和习语的出现频率进行统计,计算三者在语料中的比重,结果如下:

缩略语、成语、习语使用比重

类别	缩略语	成语	习语
比值	0.3521	0.2145	0.4932

从统计数据中可以看出相比缩略语和成语,政务微博中习语在语料中比值更高,缩略语比值高于成语,成语比重最低,三者中成语出现次数最少。究其原因有以下几点:(1)成语多用于书面语,而缩略语和习语多用于口语,通过上文对政务微博语料词汇密度和词型例比的统计可知,政务微博语篇口语化程度较高,摒弃复杂的晦涩词语,所以成语出现频率最低;(2)由于微博受 140 字篇幅所限,力求用简练的话语表达内容,习语是一种惯用的固定词组,缩略语称说方便,二者都是简练且易于理解的经济表达形式,在较短的篇幅内使用二者,可以提高政务微博的信息量;(3)汉语缩略语因为数量较少、含义明确,使用相对规范,缩略语被广泛使用,如"代表着中国先进生产力的发展要求,代表着中国先进文化的前进方向,代表着中国最广大人民的根本利益"的缩略语"三个代表","北京大学"的缩略语"北大"都在语料中多次出现。但英语缩略数量巨大,且可以用任何方法缩短,客观上造成使用不规范、误导民众等后果,2010年,为了限制并规范外文缩略语,维护汉语的纯洁性,中央电视台明令禁止在新闻中使用英语缩略语,如先前被广泛使用的"CUBA"被改称"中国大学生篮球联赛"。这也是缩略语适用于口语化明显的政务微博中,但使用频率仍然不及习语的原因。

四、特殊标点符号的使用频率

标点符号是辅助文字记录语言的符号,是书面语的有机组成部分,用来表示停顿、语气以及词语的性质和作用。常用的标点符号有 10 种,分点号和标点两大类。点号的作用在于点断,主要表示说话时的停顿和语气。点号又分为句末点号和句内点号。句末点号用在句末,有句号、问号、叹号 3 种,表示句末的停顿,同时表示句子的语气。句内点号用在句内,有逗号、顿号、分号、冒号 4 种,表示句内的各种不同性质的停顿。标点的作用在于标明,主要标明语句的性质和作用。常用的标点有 9 种,即:引号、括号、破折号、省略号、着重号、连接号、间隔号、书名号和专名号。

政务微博中标点符号使用比重很高,且数量众多,这是由于政务微博语篇短小,通过标点符号可以有效地标示意义、关联命题、丰富篇章结构和语气,帮助微博发布者和参与者确切地表达思想感情和理解微博内容。

除了常见的逗号(,)、句号(。)、顿号(、)、分号(;)、冒号(:)、问号(?)、双引号("")和感叹号(!)以外,我们注意到政务微博中大量出现"@"、"#"和"【】",由于微博平台的特殊性使得这三个符号已经具备标示成分的作用。政务微博中"【 】"具有标示话题的作用;"#···#"具有超链接相关话题的作用;"@"即"对他说"的功能,这一功能的上线,加强了微博发布的针对性。

例 1:【厉害了! 我的 10 号线】#住在成都#在地铁 10 号线的列车上,以往位于车厢内的电子显示屏变成"强大版"的了——不仅可以显示下一个车站是哪个站,还可以显示你所在的车厢是哪个车厢、你下车后电扶

梯的位置以及车站的各个出口是下车后的左边还是右边,非常人性化。@成都地铁(成都市人民政府办公室官方微博)

例2:【国防部:"中国向印方提供贴息贷款"纯属捏造】国防部8月31日下午举行例行记者会,发言人任国强回答记者提问时表示,中国向印方提供贷款,已向有关主管部门了解,相关报道纯属捏造。@CNR国防时空(共青团中央官方微博)

我们把这三个符号纳入标点符号的统计范围,对这三个特殊的标点符号使用频次和频率进行统计,结果如下:

特殊标点符号使用频率

数值类别＼特殊标点	@	#---#	【】
频次(次)	314	673	876
频率(%)	26.166	56.083	73

经统计,政务微博语料库中"@"出现314次,"#---#"出现673次,"【】"出现876次,在1200条政务微博语料中,26.166%的政务微博中出现了"@",一半以上的政务微博中出现了"#---#",73%的政务微博中出现了"【】",在微博中"#---#"可链接相关话题内容,形成超链接按钮,点击按钮,便于大家查找同类或同话题微博。"@"强调互动性,@号后跟其他的用户名,对应用户会被提示这条微博跟自己相关。"【】"在政务微博中出现频率极高,它有概括博文内容,标示话题的作用,现代人生活节奏很快,浏览微博时只需关注"【】"中的内容概要就能了解博文大意,微民可以选择自己感兴趣和关注的内容进行浏览。可见三个特殊的标点符号在政务微博中发挥重要作用,这也是三个符号出现频率很高的原因。

第三节　基于语料库的政务微博语句结构特点

一、句长的统计与分析

一般说来,句子的长短与句子的繁简成正比。短句结构简单,长句结构相对复杂。长句与短句的表达效果不同,长句容量大,内容丰富、结构严谨;短句容量小,内容简短、灵活性强。段业辉等人对不同媒体的语言进行句长统计,结果显示:平均句长从高到低排序为:网络 33、报纸 26、电视 22.5、广播 15.5。[①] 究其原因,广播、电视主要以人们"听"的方式传递信息,过长的句子,结构复杂,不利于受众以"听"为主要获取信息方式的短时间内吸收长句所传递的所有内容。可见,不同媒体中使用的语言会受到传播媒介特点的制约而在句子长短中有所体现。我们对政务微博进行句长统计分析,结果列表如下:

样本类型	平均篇长	平均句数	平均句长
政务微博总体样本	96	3	32
政策宣传类政务微博	119	3	40
生活服务类政务微博	49	2	25

---

① 段业辉、李杰:《新闻传播中语言信息的若干问题——兼论不同媒介新闻语言的比较》,《江海学刊》2004 年第 4 期。

统计结果显示,政务微博平均篇长为 96 字,平均句数为 3 句,平均句长为 33 字。政策宣传类政务微博在平均篇长、平均句数、平均句长方面均高于生活服务类微博,这是因为政策宣传类政务微博内容大多为政策解读和事件性陈述,需要占用较多篇幅达到政策解读的全面性和事件陈述的完整性。统计结果显示,政务微博的平均句长与段业辉等人对 4 种媒体语言统计中的网络语言平均句长一致,政策宣传类政务微博更倾向于使用较长的句子,而生活服务类政务微博句长短一些。这可能因为政务微博中的生活服务类内容发布时不限时间、不限地点,如一些官方微博中的生活服务类栏目"北京您早""晚安北京""有个好梦"等博文发布时间一般是在清晨和夜晚,从微博发布者角度来说,短句利于使用电脑、手机等移动客户端进行编辑;从受众角度来看,句长较短的句子,语义简单明了、节奏活泼、贴近生活。可见生活服务类政务微博不需要过多的修饰语,一般篇幅较短、以口语为主。政策宣传类政务微博以信息传播为主要目的,修饰成分更多,便于更准确、清晰地描述事物、陈述事实,长句的使用凸显了这类微博的书面语特征。总体而言,政务微博中长短句交替使用,不同长度的句子丰富了语篇中的语句形式。

二、句型、句类的选择与应用

句型指句子的结构类型,现代汉语中主要有主谓句和非主谓句两类。句型研究是句法研究的重要内容之一,同时政务微博中不同类型的政务微博对句型的选择与应用呈现不同的倾向,揭示这种倾向,挖掘背后的原因,有助于我们更好地了解政务微博语句结构方面的特征。

　　通过考察政务微博语料库,我们对政策宣传类和生活服务类政务微博中的主谓句和非主谓句比例进行考察,经过统计,政策宣传类政务微博中主谓句与非主谓句比例为8.17∶1.83,生活服务类政务微博中二者比例为4.35∶5.65,可见在政策宣传类政务微博中主谓句占绝对优势,而生活服务类政务微博更倾向于使用非主谓句。

　　我们以具体实例,分析主谓句和非主谓句在政务微博中的应用。

　　例1　【①成都的哥带着儿子跑出租,②婉拒更多捐助:"我靠跑车能过下去"】

　　③的哥冯军出租车的副驾驶座位上,④长期坐着儿子小伟。⑤小伟患有遗传病,⑥严重贫血。⑦4年来,冯军就带着儿子跑出租。⑧很多人得知他的遭遇,⑨慷慨解囊,⑩他收到17万元捐款。⑪7月26日,冯军朋友圈上发了一条"声明",⑫婉拒了更多的捐助。⑬他说靠自己跑车能活下去。(成都发布 2016.7.27)

　　例1是典型的政策宣传类政务微博,我们把博文内容划分成13个小句,13个小句都为主谓句,且都是动词性主谓句,其中②、⑥和⑨为省略句,承前省略了主语。在句型选择方面,政策宣传类政务微博多为事件、活动和政策解读,一般采用叙事语体,具有时间线性特点,以人物活动为线索,展开事件活动,从交际功能角度看,动词性主谓句最能表现各项特征。此外,政策宣传类政务微博中的省略句也不在少数,这种省略不会造成阅读障碍和理解负担,反而成为微博语言高效性、经济性原则的体现。

　　例2　【跟着做,颈椎保养操】20岁的年纪,40岁的颈椎? 每天抽出10分钟活动颈椎,让颈椎释放压力,恢复它的基本功能,缓解疲惫、头晕恶心、眼睛不适、脑部供血不足。(平安北京 2016.5.11)

　　例3　整理了这份成都吃吃吃合集,看完除了流口水就只想奉上膝

盖了,转发收藏吃起来!(成都发布 2016.11.23)

例 2 和例 3 是典型的生活服务类政务微博,非主谓句在这类政务微博中使用倾向明显。个人微博也常用非主谓句,是因为个人微博常以发布者自己为中心,句子中即使缺乏指称,也不会造成歧义。生活服务类政务微博也是这样,这类微博常以广大微民为中心,政府发布这类微博一般是为受众提出建议,即使省略了内容,受众还是会通过语境领会其含义,同时,为了提高政务微博与网民的信息沟通效果,政务微博发布者把自己放在和网民相对平等的地位进行对话,特别注意在政务微博中运用口语化的说话风格、表达生活化的话语内容,这点体现在生活服务类政务微博中尤为明显。

句子按照语气功能可划分出陈述句、疑问句、祈使句和感叹句四个类别。陈述句主要用来说明问题、叙述事实,疑问句通常用来提出疑问、询问情况、祈使句表达建议和规劝、感叹句含有丰富的情感。句子中这四个类别在政务微博中的使用均有体现。

1. 陈述句

韩礼德认为交际中陈述句的功能是给予信息,尽到告知和教育义务。政务微博主要是共享信息,陈述句是政务微博中提供信息最常用的语法手段。政务微博一般从正反两方面传达信息,正面有陈述英雄事迹、解读政策宗旨、传播正能量新闻事件等,如:

近日,本市第七批援藏和第二批援青干部人才顺利返京。第八批援藏和第三批援青干部人才已完成轮换。"十二五"期间,本市累计投入援藏援青资金 32 亿多元,安排援藏援青项目 450 多个,均位于援藏援青省市首位,推动了受援地经济社会发展,促进了民族团结和社会稳定(北京发布 2016.7.31）。

使用陈述句从反面传达信息,指出社会问题,唤起公众对这些问题的关注,进而避免出现严重后果,如:

四岁男童"鬼探头"式横穿马路,闯入车辆行驶"盲区"被撞飞。（天津交警 2016.8.9)

2. 疑问句

疑问句在政务微博中的使用形式主要可以分成两种:

(1)疑问句形式,提出问题,不作回答,引起广大群众对环境、健康、生命等问题的思考和重视,如:

【消除雾霾还需多久?】小伙伴们,这几天又是雾霾天,你们打算做什么? 蓝天白云什么时候回来呢?（北京发布 2016.9.17)

还有一种疑问句仅仅表示问候和关心,是微博发布者拉近政民距离的一种方式,如:

早安! 你们起床了吗? 今天打算去哪儿?（深圳公安 2016.12.31)

(2)设问句形式,有问题,有回答,常在微博开头提出问题,旨在调动网民的好奇心,吸引大家关注和阅读本条微博,如:

【周围人都知道了吗?】12 月 31 日弘法寺跨年敲钟已取消,小伙伴们别再往仙湖跑! 转发周知!（深圳公安 2016.12.30)

3. 祈使句

语言学中把表祈使语气,用来要求别人做什么或者不做什么的句子叫祈使句。祈使句一般可以表示 4 种语气,①表命令、②表情求、③表禁止、④表劝阻。表命令和禁止的祈使句语气强硬,不符合政务微博语言亲

民的要求,政务微博多为表建议或鼓励的祈使句,语气舒缓,常用"请"字,缓解祈使句的强硬语气,利于受众接受,如:

【7亿二手烟受害者,请鼓起勇气说"不"!】#国内新闻#最新数据,我国吸烟人数突破3亿,二手烟受害者已达7亿,吸烟不仅危害自身健康,还严重影响家人健康,吸烟者为了您和家人的健康,戒烟吧。二手烟受害者为了自身健康,面对吸烟者请鼓起勇气说"不",这是对自己的有力保护。(成都发布 2016.5.31)

4. 感叹句

感叹句是带有浓厚感情色彩的句子。表快乐、惊讶、悲哀、厌恶、恐惧等感情,感叹句常出现在口语中,书面语中在句末用感叹号表示。我们考察政务微博中的感叹句,有的表示惊讶,如:

【来洗眼睛!成都二环高架似绿色隧道】#住在成都#当下正是草木皆绿的四月,在成都二环高架,远远望去,就像童话场景里穿越的绿色隧道一样,感觉随时都可能从路那头走出一位丛林小精灵呢!(成都发布 2016.4.30)

政务微博中的感叹句表快乐语气的,如:

中秋月圆,家人在一起就是团圆!(共青团中央 2016.8.15)

政务微博中的感叹句表感谢语气的,如:

在我们即将进入 2017 新年之时,也伸出援手帮助老人照亮回家路!谢谢大家!(北京发布 2016.12.30)

政务微博中的感叹句表坚定语气的,如:

重点打击人民群众反映强烈、影响安全感的电信网络诈骗犯罪、毒品犯罪、金融领域犯罪和盗抢犯罪,真正为人民服务!(深圳公安 2016)

我们对政务微博语料中四种句类使用情况进行统计,结果如下:

政务微博中不同句类使用比率(%)

句类　　　　　语料	陈述句	疑问句	祈使句	感叹句
政务微博	69.12	11.59	7.47	11.82

从统计数据中可以看出,陈述句比率最高,政务微博中一半以上的句子为陈述句,政务微博的主要目的是传播消息,促进官民互动,四种类型的句子中陈述句用于叙述准确的消息内容,而疑问句中信息具有不确定性,祈使句在于劝说和建议,感叹句又因表达强烈的感情色彩,不符合政务微博新闻内容客观性的要求,所以,疑问句、祈使句、感叹句的使用比例远不及陈述句高。黄伟、刘海涛对《新闻联播》中句类使用情况进行统计,结果显示:陈述句使用比例为99.62%,其他三种句子使用比值总和不超过1%。[1] 可见,典型新闻语篇中陈述句占绝对优势,另外三种类型的句子出现比例极低。我们将黄伟等人的研究结果与政务微博句类使用情况进行比较,得出结论,虽然政务微博中疑问句、祈使句、感叹句使用比例远低于陈述句,但与典型新闻语篇相比,这三类句子使用比例并不低,这说明政务微博语气丰富,政务微博以传播新闻内容、政府政策为主,发挥官民互动桥梁的作用,为避免形成居高临下过于"官腔"的语气,树立政府机构的亲民形象,政务微博博文中采用更丰富的语气,使博文内容生动活泼、贴近民众生活。

---

① 黄伟、刘海涛:《词频分布参数可以细分汉语新闻语体吗?》,《语言教学与研究》2017年第71期。

本 章 小 结

　　本章主要对两方面内容进行研究,一是组建政务微博文本语料库,二是从词和句子层面对政务微博语料进行统计分析。我们从 2016 年具有代表性的微博影响力排行榜前十二名的政务微博中随机抽取 1200 条微博组成政务微博文本语料库,运用分词标注系统,按照粗粒度、单词性对政务微博文本语料进行词类划分,按照北大标记集对词性进行标注,并对相关数据进行统计。

　　词汇层面主要对政务微博词型例比、词汇密度、词类使用频率进行统计分析,句子层面的统计主要集中在句长、句型和句类方面。根据统计数据,我们总结政务微博词汇和句子方面的特点,政务微博属书面语,其中政策宣传类政务微博书面化明显,生活建议类政务微博口语化凸显;政务微博词汇密度不大,语言难度不大;实词出现比例较高,多用主谓句和陈述句,说明政务微博以传递信息为主,说明问题、陈述事件;政务微博中平均句长与网络语言中句长一致,非主谓句和感情浓厚的感叹句的使用比例并不低,这说明政务微博语言不同于正式新闻语言,语言活泼、语气丰富,亲切生动的微博语言利于吸引更多网民关注和讨论微博内容,激发民众参政议政的热情,切实提高政民互动的效果。

第三章　政务微博的文本模态分析

第一节　政务微博文本的用词
特点与修辞手段

一、政务微博文本的用词特点

　　随着新媒体时代到来,互联网传播信息的互动性、匿名性、快速性等特点使各大社区论坛、BBS 都成了新词语的发源地,微博以其更加碎片化、便捷性的特色优胜于其他网络媒体,成为网络流行词语发展的新阵地。政务微博语言具有网络语言的特点,一些网络流行词语也出现在政务微博中。政务微博语体介于书面语和口语之间,要求政务微博内容既具有真实性、严肃性,又具有个性和亲民的特点,这种特点决定仅有一小部分网络流行词语能进入政务微博博文中,我们对政务微博综合影响力报告中排名前十二位的政务微博内容进行持续两年的关注,总结整理了政务微博博文中出现的"网络流行语"。

背锅	颜值	单身狗	鸡汤	供给侧	还有这种操作	怼
蜀黍	表	"互联网+"	躺枪	点赞	确认过眼神	顶
cp	工匠精神	乱入	迷弟	迷妹	良心不会痛吗	大神
红通	友谊小船	吃瓜群众	葛优躺	辣眼睛	一言不合就……	套路
老司机	cool	打call	尬聊	小白	皮皮虾,我们走	扎心了
老铁	偶	油腻	没毛病	freestyle	蓝瘦香菇	稀饭
官二代	傻白甜	撩……	萌萌哒	软妹子	凤凰男	暖男
心塞	网约车	呵呵	土豪	走起	洪荒之力	佛系
歪果仁	戏精	拍砖	汪星人	作死	厉害了Word哥	打屁屁
浮云	种草	拔草	小目标	童鞋	……也是醉了	造
表情包	喜感	土味情话	666	共享……	宝宝心里苦	给力
安利	小拳拳	腻害	小盆友	蓝盆友	友谊的小船	杀马特
雷人	hold住	高富帅	bug	get	干物女	小公举

这些流行词语有的是词典中并未收录的新造词;有的是在旧词基础上增添了新义;有的是汉语词和英语词的混搭形式。下面,我们分类进行阐述:

（一）谐音词

谐音是用音同或音近的字来代替本字,使表达更加生动形象,增添特殊音趣。不同于网络语言中因"无心之过"而形成的谐音词,政务微博语言中的谐音词都是"故意为之"。

（1）【雨水天天有 雨伞天天带】#早安成都#话说今几天这分散的阵雨被大家撞见没？@成都气象 预计今天白天阴天间多云有阵雨，气温23~31℃；随后两天天空彻底阴沉，雨量由小到中雨转为中到大雨，局部有暴雨，最高气温都在31℃左右。话说周末想进山的童鞋，**小编**劝大家还是不要前往。（成都发布 2017.6.30）

（2）【空调哥、快递哥、保安哥……**厉害了 Word 热心哥！**】29 日，东莞大岭山一栋楼房发生大火，多人被困。在消防员到场前的 5 分钟内，火场附近的空调哥、快递小哥、保安大哥等十多名热心街坊组成救援队伍，将二楼三楼的被困人员成功救出！暖心 ♥ 为这群火灾中的无名英雄点赞！（深圳公安 2017.4.29）

（3）【萌萌哒！绿灯将亮起，交警**蜀黍**路中可爱倒计时😂】近日，湖南邵阳一交警因自创红灯"读秒舞步"走红网络。@邵阳交警 表示这位交警叫梁斯旗，是一名协警，由于执勤路口信号灯没有读秒功能，于是为了让等红灯的司机了解时间并且不无聊，他创造了一套萌萌的舞步。网友：谁还不是**小公举**咋滴？（共青团中央 2017.1.31）

（4）今天，有**童鞋**问团团这条短信是不是真的。经警察**蜀黍**鉴定，是真的，请放心关注。（助学短信：我真不是诈骗信息，虽然，长得很像）@江宁公安在线（共青团中央 2018.8.10）

（1）和（4）中的"**童鞋**"意为"同学"。（2）中的"厉害了 Word 热心哥"，意为"厉害了我的哥"，其中英语词"Word"和汉语中"我的"音近，所以用"Word"代替，这个热门网络用语的意思是对方十分厉害，称赞对方，以表敬佩之意。（3）和（4）中"蜀黍"是"叔叔"的谐音，"小公举"意为"小公主"，这种谐音表达了对"叔叔"和"小公主"的一种嗲声嗲气的可爱叫法，"警察蜀黍"和"交警蜀黍"在政务微博中频繁使用，表达了人们对警察和交警的赞扬和爱戴,凸显了群众和他们的密切关系。"小公举"后来逐步发展成网友们对一些男性的称呼,这类男性,最大的特点就是拥有一颗少女心,有一些少女做派,但却毫无娘娘腔。

谐音词能够在语义表达方面起到独特的效果,谐音词除了表达原词的意义外,还在词义上增添了可爱、夸张的语气和色彩,给原本仅依靠文字和符号进行沟通的政务微博文本内容,增添了因特殊语音变异所带来的听觉感知效果,谐音词的出现不仅有娱乐效果,还让政务微博博文内容接地气、更亲民。

(二) 缩略词

缩略是为了称说方便,使事物中的成分进行有规律的节缩或者省略,从而形成一个能自由运用的紧密结构,我们把这个语言单位叫缩略词。缩略词的核心是将长度较长、结构复杂的短语减缩成音节较少、结构简单的词语,同时语义不变。网络语言中流行的拼音缩略词和英语缩略词因语义的不确定和形式的不规范很少被政务微博选用,政务微博中多为汉字缩略词。

(5)【干得漂亮! 这些人不能乘飞机火车了】国家**发改委** 15 日表示,每月第一个工作日,将通过"信用中国"网站公布严重违法失信者名单,失信者将不能乘坐火车或/和飞机。据介绍,首批名单已于近日公示,包括税务、证券期货、民航、铁路等领域严重违法失信行为人 169 人。详情请看↓↓(共青团中央 2017.11.13)

(6)【高手在民间! 这些**非遗**"绝技"你都见过吗?】2017 年,几部纪录片带火了一批"大隐隐于市"的能工巧匠,原来咱们民间还有这么多深藏不露的"绝技"。正所谓没有想不到的工艺,只有没见过的牛人。"吹

金箔""打铁花""锤錾墨"……戳↓看看有没有你感兴趣的"绝活"！（中国大学生在线 2017.12.31）

（7）【申论必备！你应该知道的 100 个表述】国考笔试开考在即，北京、上海、浙江三省市也陆续启动公务员招录工作。想考公务员的你准备得怎么样了？你应该知道的 100 个新提法、新论述↓转发收藏，助力申论写作！（北京发布 2017.11.18）

（5）中的"发改委"是由众所周知的"发展和改革委员会"缩略而来。（6）中的"非遗"是由"非物质文化遗产"缩略而来。（7）中的"国考"是"国家公务员考试"。

微博语篇是一种 140 字以内的微型语篇，为了节省空间常把较长的词或短语节缩成结构简单的短词，政务微博话语是一种政治话语，所以很多缩略词跟国家政策、体制有关，如"人大""常委""安理会""世博会"等。缩略词适应了现代网络交流节奏越来越快的需求，此外，缩略词的使用也符合语言的经济性原则，使用最少的语言表达尽可能多的信息缩略词，受到政务微博发布者的青睐，同时政务微博中的缩略词意义明确，是已被广大人民群众熟知并流传广泛的固定形式，所以对受众来说不会产生阅读障碍。

（三）外来词

"语言几乎不能自给自足，说一种语言的人接触说其他语言的人，两种语言就会相互影响。一种语言对另一种语言最简单的影响就是词的借代。"①外来词，指一种语言从别的语言借来的词汇。外来词的出现是语

---

① ［美］萨丕尔：《语言论》，商务印书馆 1985 年版，第 173 页。

言文化接触的必然产物,网络时代,不同国家之间文化交流空前频繁,外来词的产生之快和使用之多也是别的时代无法比拟的。汉语中的外来词一般可以分为:音译、意译、音译加意译、直接使用。政务微博中常见的外来词一般是直接使用外语中的词语。

(8)聚焦青年话题,关注最 **in** 网事儿,与你共话家国梦想!(共青团中央 2018.6.10)

(9)【兵哥帮你 **get** 求婚新技能:千人求婚,一击必中 🔫 】"七年了,我不想你再当我女朋友了……"川藏兵站部某汽车团新春晚会现场,王乔用朴实又带点小俏皮的话,说出自己心声。兵哥帮你 **get** 求婚新技能:千人求婚,一击必中。(北京发布 2017.1.31)

(10)【**What**? 这些东西竟然是孩子们的发明?】你认为现在的小学生每天对着 **IPAD** 只是在玩网络游戏? **No~no~** ,如果这么想,那你就小瞧人了! 在互联网+时代,不仅仅是成年人,孩子们也成为极具创新精神的"弄潮儿",在 2016"创青春"大赛展览区,已经出现我们"红领巾小创客"啦,快跟着团团一起来看看吧!(中国大学生在线 2016.11.27)

(11)【苏轼的"**Title**"你知道吗】①文坛"唐宋八大家":韩愈、柳宗元、苏轼、苏洵、苏辙、欧阳修、王安石、曾巩;②宋代书法成就"宋四家":苏轼、黄庭坚、米芾、蔡襄;③宋诗风格体现者"苏黄":苏轼、黄庭坚;④豪放派代表"苏辛":苏轼、辛弃疾。(成都发布 2017.3.3)

(12)给热爱旅行的朋友们的一些小 **tips**,最强打包教程,端午节出行必用。(中国大学生在线 2017.5.30)

(8)中的"in"是英语词,取词义中"时尚、有个性"这个义项,表示跟得上潮流,养眼。(9)中"get"取"得到、获得"这个义项,在这里表示获得新技能。(10)这条政务微博由三句话组成,每句话中包含一个外语词。

"What"表疑问"什么","No～no～"连用加强否定,IPAD 是英语名词,美国苹果公司发明的一种平板电脑。(11)和(12)中的"title"和"tips"根据语境分别取"头衔"和"建议"的义项。前面 5 个外来词都借自英语,值得一提的是,因为英语使用广泛、了解英语的人数众多,所以政务微博中以英语外来词为主,但也有其他语言的外来词。

外来词直接使用在政务微博中并与汉语一起混用,有时汉语中存在跟这个外来词意义相对应的词语,但是微博发布者还是使用了外来词,可见很多时候发布者是故意使用外来词来吸引读者的眼球,使政务微博语言更鲜活、丰富、活泼。这类直接使用的外来词一般具有广泛的群众基础,都是外语中比较常见、简单的词,即便受众的外语程度不高,也能从上下语境中快速推测出外语词的含义。日语借词略有不同,因为同属汉字文化圈,虽然发音不同,日语中汉字形式的词无须音译或意译,可直接借用到汉语中。外来词在政务微博中的大量出现,是政务微博凸显个性、新颖表达的需要。

(四) 旧词新用

(13)【干货！你一定遇到过的 WORD 麻烦操作,9 图一次性教你解决】处理 Word 看上去很简单,人人都能上手,可如果不得要领,只会用最笨拙的操作方法,效率低不说,还容易烦躁。改变一个小操作,能省不少功夫！(中国大学生在线)

(13)中"干货"原义是晒干或风干,不含水分的东西。现在旧词"干货"有了新的含义,人们通常把网上分享的实用性比较强,没有虚假成分的内容称之为"干货"。类似于"干货"这样的旧词产生新义后流行起来的还有"长草""拔草""花瓶""白菜价"等。除了普通话中的旧词产新义外,政务微博中还有一种是原来小范围使用的方言词语在政务微博中的再流行。

(14)你干啥我就干啥!**老铁**,咱俩必须一样儿一样儿一样儿的。(共青团 2017.10.30)

(15)【消防车怒**怼**私家车,市民却拍手叫好,为消防员点赞】成都某小区发生火灾,消防救援官兵及时出动,但消防通道因停放了一辆私家车而被堵塞,消防救援车辆不能通过。现场交警喊话挪车无果,因救火情况紧急,打头的消防车怒怼堵塞消防通道的私家车,及时驶向火灾现场。(成都发布 2017.7.9)

(14)中"老铁"和(15)中的"怼"都来自方言。"老铁"原是东北方言,是对"哥们儿"的别称,类似的变形称呼还有"铁哥们儿"等,表示关系亲近、牢靠、值得信任,形容朋友之间的关系非常好。由该词组成的爆红网络流行语就包括"扎心了老铁""老铁没毛病""抱拳了老铁"等。(15)中的"怼"于 2016 年开始在网络走红,关于这个词的来源说法不一,我们对"怼"字进行了深度考察。

我们考察"怼"在古代辞书中的本义及使用情况后,发现"怼"在古代有两个词性和意义。《说文解字》:"怼,怨也。"《广雅·释诂》:"怼,恨也。"此时,"怼"做动词,表怨恨义。除了动词性,"怼"还有形容词性,孔颖达疏:"怼,谓戾。""怼"做形容词,表凶狠义。到了现代,"怼"的词性与意义发生了变化。《现代汉语词典》(第 6 版)中"怼"读音 duì,动词,只有一个义项,即"怨恨"。可以看出,经过几千年的语法语境变迁,"怼"的形容词性逐渐消失,动词性保留了下来,常用"怨怼",一般不接宾语。而网络流行词"怼"(duǐ),语法功能为动词,构词方式为动宾式,直接带宾语,形成"A 怼 B"结构,语义内涵为对别人表达不满,进行攻击、揭短等行为。可以看出,网络中火起来的"怼(duǐ)"与古已有之的"怼(duì)"在语音和语义上相去甚远,可以判断出二者只是字形相同,并没有继承或衍化关系。

河南方言中有一个万能动词"怼",人们在使用中也读作 duǐ,且用法十分广泛,几乎所有动词都可以用"怼"来代替,如:怼架——吵架、怼他——收拾他、怼一碗——吃一碗、怼杯酒——喝杯酒。网络流行词"怼"与河南方言中的"怼"无论在语音形式"duǐ"还是构词方式"怼+人"上都具有一致性,由此看出,网络流行词"怼"来源于河南方言"怼",其语义内涵是从河南方言怼人(批评、打、骂、收拾)的义项发展衍化而来。

从目前类似"怼"和"老铁"这样从小众走向大众的地域方言的使用情况来看,它们较多地出现在网络媒体中,由于使用频率不断增加,新的义项逐渐为大众熟悉且接受,它们已逐渐向纸媒和生活口语蔓延。

（五）超常搭配

政务微博中常常出现一些混搭,把原本不能放在一起使用的文字、符号、标点、拼音等混搭在一起,形成超常搭配。据我们观察,政务微博中的超常搭配有以下几种形式:

1. 汉字+拼音的混搭

(16)【简历这样写,HR 一眼看中你!】秋招进行时,同学们都准备好了吗? 经历、经验、能力、润色、排版……写简历是个**技(tǐ)术(lì)活**! 如何制作一份受到 HR 青睐的简历,进而成功入职? 收好干货经验↓↓实用、转需!（共青团中央 2017.10.25）

汉字+拼音混搭的形式是近两年才开始流行起来的,前面用汉字后面用拼音,汉字组成的词和拼音表示的词毫无关系,有时甚至意思相反,这种汉字和拼音的混搭形式给人双重含义,一层是汉字表达的表面含义,一层是需要读者拼读后能了解的隐晦含义,技(ǔ)术(h̄)表示写简历表面看其实是个技术活,其实也是体力活。这种含有双重意思的混搭形式增强了政务微博在 140 字内的表现力,一定程度上弥补了汉语在网络交际中的不足。

2. 中文+英文的混搭

(17)【支教 DAY】短短几天,我们是师生,更是好朋友。"你们明天走吗""明天不走,后天走"多情自古伤离别,但这段经历会是人生中很美好的一段。(中国大学生在线 2017.5.14)

(17)这条政务微博的主题跟支教有关,主题"支教 DAY"采用"中文+英文"混搭的形式,表现新闻内容跟支教的日子有关。新颖的搭配形式,博人眼球。

3. 标点+标点的混搭

(18)【乌拉那拉·宜修? 钮祜禄·和珅?!】看清宫剧,我们很容易发现,满人称呼人名的习俗,跟汉人很不一样。比如乾隆皇后的爹叫李荣保,伯伯马齐,爷爷米思翰,这些都只是名字。在清朝,满人是不会连姓带名喊人的,跟先祖女真族很不一样,到底为啥?(南京发布 2017.7.20)

汉语中标点符号是可以连用的,如我说:"你好吗?"这里的冒号和引号连用,句末问号又和引号连用,但并不是所有的标点符号都可以连用,上面(18)例子中"钮祜禄·和珅?!"是问号和感叹号连用在一起,这样的混搭本来不合规范,但在网络用语中这样的情况很多,这样的标点符号混搭想表达疑问和惊讶两种感情色彩。政务微博中的沟通跟人们面对面交流不同,缺少语气和表情,微博发布者常用图像等其他模态弥补表情缺失,标点符号连用和混搭是发布者弥补政务微博语气缺失的手段。

二、政务微博文本的修辞手段

发布者除了在政务微博文本中使用很多流行词语和混搭形式,还使用了很多修辞手段。修辞手段的丰富性是政务微博文本中的点睛之笔,出色的修辞使微博语言有血有肉,活灵活现。政务微博语言中常用的修辞手法有:比喻、排比、夸张、借代、拟人等。

(19)【余额提醒:你的 2016 已不足 10%!】今天,已经到了一年中的最后一个月。时间就像手机的电量,永远不够用,但手机能充电,时间不能重来。过去的 11 个月,你有什么收获?又有什么遗憾?这些网友们说的话,有没有一条和你很像? 2016 年最后一个月,为梦想,全力以赴吧,不负时光,不负自己!(北京发布 2016.12.1)

(19)【经纬的寂寞,就是中国蜀锦的乾坤! 致敬匠心 ❤】贺斌,一个织锦时像扫地僧一样沉稳的中国匠人,年仅 21 岁就让外国人拍手称赞,他能在上万根织线中,瞬间找到破绽,织出走线自然、花纹复杂、活灵活现的蜀锦图案。他也是掌握全部蜀锦纺织工艺的唯一一位年轻人。(共青团中央 2016.10.30)

(19)和(20)中分别使用了比喻修辞,(19)中出现了本体"时间",喻体"手机电量"和喻词"像";(20)中本体"他",喻体"扫地僧",喻词

"像"。(19)中把时间比喻成手机电量,强调时间珍贵;(20)中把坐在织机上的贺斌比喻成扫地僧,强调贺斌织蜀锦时心无旁骛。两条微博中使用的是比喻中的明喻。

(21)【支教温暖瞬间】"我相信爱是萤火般的光芒,在黑夜里,迷路的人才能找到方向。握住希望,把星星都装进行囊,就不会害怕孤单流浪。"因为有爱,所以温暖。(中国大学生在线 2016.4.5)

(21)中本体是"爱",喻体是"光芒",这里的喻词跟上面的(19)和(20)中不同,没有用"像",而用了"是",这是一种比较隐晦的比喻,(21)中的修辞手段是比喻中的暗喻。

(22)匆匆四年。象牙塔里在迎来了一批又一批新生的同时,也送走一届又一届的毕业生,四年虽短,愿青年学子在大学的四年,不虚度,在未来绘出自己的人生图画!(中国大学生在线 2016.7.30)

(23)【南京一高层起火,高楼清洁工化身"蜘蛛侠"救人】11 月 26 日上午,南京一高层 28 楼着火,消防救援车高度受限,无法救出 28 楼被困的住户,四位高楼清洁工闻讯及时赶到。由于起火,电梯停用,四位"蜘蛛侠"身背近百斤绳索爬楼梯砸窗救人,电影中的"蜘蛛侠"再现,给真正的超级英雄点赞!(江宁公安在线 2016.11.26)

(22)中象牙塔(Ivory tower),来自圣经《旧约·雅歌》中以色列王所罗门曾作诗歌《雅歌》,在诗歌中"象牙塔"用来描述新娘美丽的颈项,后来逐渐被人们用来指忽视现实社会丑恶悲惨的生活,或者超脱现实社会,远离生活之外,个人的舒适小天地。(22)中把"大学"比喻成"象牙塔",意味着大学是一个远离社会尘嚣的地方,突出大学生活的简单幸福。(23)火灾中救人的高楼清洁工在高空攀爬的动作上与"蜘蛛侠"具有相似性,并且二者的行为都是正义的,所以把"高楼清洁工"比喻成"蜘蛛侠"。但是在(22)和(23)中都没有出现本体和喻词,只出现了喻体"象牙塔"和"蜘蛛侠",本体和喻体之间有高度相似性,这是比喻中的借喻。

(24)【"暖宝宝"安全使用手册】冬季最可怕的事恐怕就是:"温暖"悄悄地溜了,暖气却还没来。这个时期大家都会选用一些其他采暖设备来替代暖气,其中比较常用的就是"暖宝宝"。"暖宝宝"能给身体提供热量,还能缓解关节受凉老化。但使用"暖宝宝"真的百利而无一害吗?戳图了解↓↓(共青团中央 2017.10.30)

(25)【今天是个舒爽天!但雨还没结束~】#成都午间天气#上午的太阳露了个头又缩回云中睡觉去,11 时我市均温 25.5℃。预计今天白天到夜间云系深厚,对流性阵雨突然而分散,摆出你方唱罢我登场的架势,雷电也会来给阵雨加油。(成都发布 2016.9.11)

(26)春暖花开,又是一个万物复苏的季节。春季是一年中最好的赏花时节,桃花、杏花、樱花、梨花、海棠花。它们都是报春的使者,却又如美丽的孪生姐妹一样让人眼花缭乱,难以辨认。今天就让它们一同登场,让我们一起来认识一下吧!(北京发布 2016.4.17)

(24)—(26)中都运用了拟人的修辞手法,"温暖悄悄地溜了"把"温暖"比成"人",发出"溜"的动作。"上午的太阳露了个头又缩回云中睡觉去"把天气晴转阴,用太阳像人一样发出"露头、缩回去、睡觉"这样的动作来表现。"雷电也会来给阵雨加油"中又把"雷电"和"阵雨"看成是人。(26)中把"各种花"看成"使者、孪生姐妹",同样也是拟人的修辞手法。据我们观察,政务微博中拟人用法常出现在生活服务类内容中,特别是天气预报中,传统天气预报程式化的语言虽简单清楚,但缺少个性化和趣味性,政务微博中带有拟人修辞手段的天气预报显得调皮、可爱,带给人们天气信息的同时,也让人们的心情轻松、愉悦。

（27）【致敬！城市的夜忙人】有些英雄，寂寂无闻，却无声地感动着我们。有些职业，隐于夜色，却默默地守护着光明。他们照亮了城市的昼，他们温柔了城市的夜。（深圳交警 2016.3.27）

对偶是用两个结构相同、字数相等、意义对称的词组或句子来表达相反、相似或相关意思的一种修辞方式。（27）运用了对偶的修辞手段，"无声地感动着我们对"默默地守护着光明"、"照亮了城市的昼"对"温柔了城市的夜"。政务微博中使用对偶句，看起来整齐醒目，读起来朗朗上口，听起来铿锵悦耳，给读者留下深刻印象。

陈望道的《修辞学发凡》第一次明确地将借代定义为："所说事物纵然同其他事物没有类似点，假使中间还有不可分离的关系时，作者也可借那关系事物的名称，来代替所说的事物。"意思是说，借代指的是不直说某人或某事物的名称，而是借和它密切相关的名称去代替。

（28）这世上哪有什么不死之身、哪有什么神、哪有什么"救世主"？真正撑起这片蓝天的，是社会医保体系，是人民医生和人民医院，是每一个善良有爱心的国人。相信他们，祝福罗一笑小朋友早日康复！（2016.11.23）

（28）中运用了排比的修辞手法。第一个句子接连三个结构相同的反问，行文有节奏，气势强，这构成第一个排比句。第二个句子以"是"为系词的三个肯定句又构成排比句，揭示了"撑起这片蓝天"的原因，陈述清楚、条理分明，排比句增强了表达效果，深化了这条政务微博要表达的中心内容。

（29）这里有清澈的蓝天，伸手就能触到云朵。这里有雄伟壮丽的布达拉，红白相间，雄踞于拉萨谷地……这里是西藏，一个梦一样的地方！（西藏共青团 2016.11.30）

(29)中描绘了西藏的美丽,其中"伸手就能触到云朵"充满想象力,运用了夸张的修辞手法。夸张是对事物的形象、特征有意夸大或缩小,以达到某种表达效果。西藏地处高原,平均海拔4000米左右,微博文本在这一客观现实的基础上放大了西藏海拔高的特征,海拔高到离天空很近,伸手就能触摸到云朵,运用夸张的修辞突出了西藏的地势特点和壮丽景色。

政务微博作为政府机构与民众交流与沟通的平台,信息的编辑质量影响政府机构的施政形象,所以政务微博发布者在一定程度上过滤了意义低俗、构词随意的网络流行词。但政务微博文本在词汇方面,还是使用谐音词、外来词、缩略词等网络流行词,文本中也存在词语的超常搭配,句子中综合运用多种修辞手法。这些流行词和修辞手段的运用使微博文本具有新颖性特点之外,还具有以下特征:1.娱乐性和时效性。政务微博中词语的超常搭配、旧词新义、谐音词等使文本内容生动形象,诙谐有趣,具有很强的娱乐性,同时由于微博一键转发功能和快捷的传播模式,使其词汇具有很强的时效性。2.简约性。现代网络即时性交流和政务微博本身文本限制的特点要求微博的用词必须精练,缩略词使用最少的语言表达最大的信息量,体现了微博词汇简约性的特征。3.包容性。在当今的互联网时代,外来词的产生速度之快和使用数量之多是其他时代无法相比的,政务微博语言广泛吸收外来词凸显了其包容性强的特征。许多自创的网络新词正是通过在微博中的广泛应用才得以被更多的人所认识并接受的。政务微博中新颖独特、彰显个性的用词特点和修辞手段使得政务语言更具亲和力,吸引更多受众的同时促使更多微民发挥舆论监督的作用。

第二节 政务微博文本的语篇特征

近年来,随着计算机和网络技术的发展,超文本等电子语篇成为语篇分析的研究趋势,对这些网络语言为主的电子语篇进行分析,有助于我们加深对新兴语篇的了解,并促进语篇分析理论的发展。政务微博语篇正是这些新兴语篇中的一种类型,它不仅具有网络语篇受众广、传播快的共同特点,也具有 140 字符以内空间限制的自身特点,对政务微博文本语篇特征进行分析是我们认识政务微博文本模态的重要方面。

一、话题分析

语篇中的主位结构和主位推进模式是语篇连贯的重要因素,但其发挥作用的前提是语篇话题的统一,话题对主位结构和主位推进模式有着宏观上的统领和制约作用,我们从话题特点与分类的角度探讨政务微博文本语篇话题的一致性。

学术界对话题的定义存在不同的看法。Brown 和 Yule 认为,话题就是"我们谈论的东西"。① 他们把话题分为句子话题和话语话题两种,二者的区别在于:前者可以是句子中的一个成分、一个术语,而后者不是句子中的一个简单成分,而是一个命题,是对话语中信息结构的表达。不同

---

① G.Brown&G.Yule,*Discourse Analysis*. London:Cambridge University Press,1983,p. 197.

话语中话题的展现方式很多。Keenan 和 Schieffelin 认为话题具有互动性,①在一个互动的对话语篇中,话题是说话双方所谈论的重点,同时也可以从语篇所要传递信息的角度来进行,话题就是一个或一组命题,说话者就该命题提供或询问新的信息。Van Dijk 认为,话题可以是命题,这种命题就是语篇的话题。最大的命题是处于顶端的命题,对命题的理解离不开当时的语境。②

综上所述,我们把话题分为三种:一是实体话题,它是语义信息的出发点,如某人、某物或某概念。二是命题话题,话题由一个或一组命题组成,这个命题支配一系列句子,这一系列句子都是围绕这一话题进行表述的。三是宏观话题框架,也是语篇的总话题,支配整个语篇。语篇内容从不同角度和方式来表现话题,了解语篇需要结合相关语境。我们认为三种话题相互补充,人们是基于交际目的来理解话题的,所以话题不仅是语义概念,也是语用概念。我们从政务微博文本语料库中随机选取 6 个政务微博语篇,从话题角度进行分析。

(30)【天府广场快闪"闪亮"雷锋精神】#成都地铁#今天是全国第 53 个"学雷锋纪念日",也是第 20 个中国青年志愿者服务日。成都地铁为新时代雷锋精神赋能,开展志愿宣传活动,呼吁市民乘客向雷锋同志学习,宣传雷锋精神,践行雷锋精神,雷锋精神和雷锋行动需要我们所有人的加入。(北京发布 2016.3.5)

(31)【挂钩考核 舌尖安全要较真】今后,成都市食品安全将挂钩干部考核。将食品安全与干部考核直接挂钩,食品安全值得期待,但同时也

---

①　E.O.Keenan & B. Schieffelin, *Topic as a discourse*. NewYork：Academic Press.,1976,pp. 335-348.

②　T. A.Van Dijk, *Studies in the Pragmatics of Dis-course*,The Hague：Mouton, 1981,p.124.

要注重食品安全信息的公开,保证食品安全监管在阳光下运行,让百姓真正吃得安心、放心。(成都发布 2016.7.31)

(32)【19 款海淘奶粉抽检 40% 不合格 严重可致宝宝智力低下】许多宝妈热衷海代奶粉,殊不知你买的奶粉并不合格。今日中国食品监督局对多款热销奶粉进行测试,其中不乏名牌产品,其中在抽检的奶粉中多款产品的矿物质含量不符合我国的食品安全标准,食用这些奶粉对宝宝身体和大脑的发育都会产生不良影响。(公安部打四黑除四害 2016.7.31)

(33)【13 个含金量较高的资格证书】近日国务院再取消 47 项职业资格许可和认定事项,还有哪些含金量高的职业资格证书?含金量较高的 13 个资格证书↓司考、注会、精算师……实用,扩散!(中国大学生在线 2016.7.31)

(34)【新骗局】路上捡到信封,里面不但有银行卡,还附带密码,把卡插入 ATM 机并输入密码,竟然能查到几十万余额。千万不要以为天上掉馅饼,这是新骗局!深圳南山警方官方近日公布这种新骗法,提醒市民不要被骗。(深圳公安 2016.7.31)

(35)【📷 南京新增 59 处电子警察抓拍违停,涉及隧道口地铁站高速公路和火车站】开车的注意!8 月 1 日起,南京新增 59 处高清电子监控摄像头,用以曝光、整治机动车违法停车问题。电子监控设备主要分布在隧道口、地铁站、火车站、广场周边违停处等多个地区。具体地点戳图↓↓(南京发布 2016.7.31)

话题的位置一般有句首、句尾和句中三种。句首话题一般是帮受话人理解话语,句尾话题一般带有总结性质,句中话题渗透全篇,含而不露,需要受话人自己分析总结。上面 6 例政务微博语篇的话题都位于句首,这是因为政务微博语篇受到 140 字符的严格限制,这要求微博发布者使用简单精练的语言在有限的字数内传递更多的信息,发布者一般采取开门见山的方式,第一时间将最核心的内容呈现给读者,所以直接将话题放在句首。受到政务微博140字的限制,政府机构在微博上发布的消息不同于传统的专业媒体,传统的专业媒体如报纸中的新闻消息一般包括:标题、导语、主体、结语和背景五部分,而一般由2—3个句子组成的政务微博容纳不了这五个部分的内容,它通常将整条微博内容概述总结为精练的短语或句子置于句首,用【 】表示,清楚地告诉人们这条微博的主要内容和关键信息,符号中的内容是本条消息的话题,也可以说是标题。(30)—(35)中的话题分别为:【天府广场快闪“闪亮”雷锋精神】【挂钩考核 舌尖安全要较真】【19款海淘奶粉抽检40%不合格 严重可致宝宝智力低下】【13个含金量较高的资格证书】【新骗局】【南京新增59处电子警察抓拍违停,涉及隧道口地铁站高速公路和火车站】。按照上文我们对话题的分类来看,(30)、(31)、(32)、(35)话题都为句子,由命题组成,是命题话题。(33)和(34)是实体话题,(33)语篇中围绕实体话题“13个含金量较高的资格证书”展开,说明它们分别是司考、注会、精算师等。(34)中围绕实体话题“新骗局”展开,介绍了“捡到带有银行卡和密码的信封”这种新型骗局,提醒大家不要上当。(30)—(35)中涉及的新闻事件分别是“棚改项目、食品安全、奶粉问题、资格证书、新型骗局、抓拍违停”,每条微博发布的消息都关注一个特定事件,每条微博的第一句都是本条消息的话题,微博中每个句子围绕话题内容展开,每个分句统领于统一话题之下,整个语篇呈现出话题的一致性。

二、主位推进模式分析

　　语篇由多个句子组成,每个句子都有主位和述位,语篇中各个句子的主位、述位之间存在某种规律,这种规律推动语篇形成,我们把这种规律叫作主位推进模式,随着这种规律,语篇不断展开、形成一个表达完整的语义连贯体。语篇的主位推进模式是影响语篇连贯的重要因素,语篇中即使使用了一些衔接词语,但如果缺乏清晰、合理的主位推进模式,仍不能保证实现语篇的连贯性。我们从主位推进模式方面入手探讨政务微博文本语篇的连贯性。

　　主位和述位是由布拉格学派创始人马泰修斯于1939年提出的。他认为句子可以被分为主位和述位两个基本成分。主位是表述的出发点,用来引出话题,述位是表述的中心,用来阐述话题。主位与述位一起构成主位结构。系统功能学派认同主位和述位的概念并进行补充,主位是发话者的信息出发点,句子的句首部分为主位,后面的部分为述位。系统功能学派认为,语言使用的基本单位不是词和句子,而是语篇,语篇中的句子排列是受制于语境的,有规律的[1]。主位对于语篇的谋篇布局起着十分重要的作用。捷克语言学家丹尼斯最早建立了五种主位推进模式:线形推进模式、连接主位推进模式、派生主位推进模式、分裂述位推进模式和跳跃主位推进模式。凡·代克(Van Dijk)用公式表示主位推进模式中的两种结构,链式结构表示为[(a,b),(b,c),(c,d)……],平行结构表

---

　　① M. A. K.Halliday, *An Introduction to Functional Gram-mar*.London：Edward Arnold Limited, 1994,p.56.

示为[(a,b),(a,c),(a,d)……]①。我国学者朱永生(1995)提出了四种基本的主位推进模式②,黄衍在此基础上把主位推进模式细分为七种③。主位推进模式在政务微博文本语篇中的体现为:

1.平行型(放射型):各小句主位相同,述位不同。公式表述为:

(a,b),(a,c),(a,d)……

(36)【西城法院金融街法庭揭牌】#聚焦北京#<u>西城法院金融街法庭</u>近日举行揭牌仪式。<u>金融街法庭</u>作为具有独立编制的金融审判庭,采用"2+4+N"专业化金融审判模式,是北京市解决金融争端的四家审判庭之一,也是金融机构建设的重要组成部分。(北京发布 2017.9.30)

(37)<u>情商高的人</u>,善于了解别人的看法,明白处理问题重要的不是争执,而是平衡;<u>情商高的人</u>,知道什么时候该暂停,明白冷静能避免不必要的冲突;<u>情商高的人</u>,懂得宽容和原谅他人,明白原谅他人有时就是放过自己。(中国大学生在线 2017.10.30)

2.集中型:主位不同,述位相同。公式表述为:

(a,b),(c,b),(d,b)……

(38)#午夜话聊#学习需要坚持、生活需要坚持、梦想需要坚持。(中国大学生在线 2017.3.4)

---

① T. A.Van Dijk, *Studies in the Pragmatics of Dis-course*,The Hague:Mouton, 1981,p.211.
② 朱永生:《主位推进模式与语篇分析》,《外语教学与研究》1995 年第 3 期,第 7 页。
③ 黄衍:《试论英语主位和述位》,《外国语》1985 第 5 期,第 35—36 页。

3. 延续型(梯形):前一句的述位与后一句主位相同。公式表述为:

(a,b),(b,c),(c,d)……

(39)北京阅读季金牌阅读推广人孙小宁与著名作家宁肯<u>一起到宣武艺园进行巡讲</u>。这是 2017 年书香中国·北京阅读季策划主办的重点活动——"阅读家"社区流动书展暨书香评选<u>巡讲</u>。<u>本次巡讲</u>还将微型书展送到十六区的社区居民身边。(北京发布 2017.8.31)

4. 交叉型:前一句的主位成为后一句的述位。公式表述为:

(a,b),(c,a)(d,c)……

(40)#一日之计#<u>让人迷茫</u>的原因是什么?<u>想太多</u>让人迷茫,犹豫的人<u>想太多</u>,人生在于拼搏,想十次不如做一次。早安!(中国大学生在线 2017.1.6)

5. 派生型:第一个句子中的述位成为后面各句的主位,公式表述为:

(a,b),(b1,c),(b2,d)……

(41)#我们这五年#总书记在十九大报告中再次指出要倡导简约适度、绿色低碳<u>的生活方式</u>,<u>这种生活方式</u>反对奢侈浪费和不合理消费,<u>这种生活方式</u>要从我们每个人自身做起。(中国大学生在线 2017.10.25)

6. 并列型:一、三、五句主位相同,二、四、六句主位相同。公式表述为:

(a,c),(b,d),(a,e),(b,f),(a,g),(b,h)……

经第二章统计分析可知,政务微博文本语篇篇幅较短,一般仅由 3 个及以下句子组成,不符合并列型的多句要求,所以我们在政务微博语篇中几乎没有发现并列型主位推进模式。

7. 跳跃型:各句主位及述位没有明显联系。公式表述为:

(a,b),(c,d),(e,f)……

(42)【13组常见别字,你都分得清吗?】#博闻广记#过"分"还是过"份"?"决"不罢休还是"绝"不罢休?"做"和"作"到底什么区别?"的""地""得"都怎么使用?……截图自测↓↓@ 小伙伴,一起补节语文课!(成都发布2016.5.31)

跳跃型主位推进模式中的各个句子看似没有什么关系,但语篇有统一的话题"常见错别字,你分得清吗?"各个句子是从不同角度对话题的说明,整个语篇具有连贯性。可见主位推进模式有助于语篇连贯,但必须在语篇话题统一的前提下。

对主位结构的划分可以帮助我们了解语篇的格局和组织模式。在具体的语篇中,几种主位推进模式常交织在一起,共同发挥作用。我们运用以上几种主位推进模式对政务微博文本语篇的推进过程进行分析,因主位和述位的英文是 Theme 和 Rheme,所以在下面的分析中我们用 T 表示主位,用 R 表示述位。

(43)#住在成都# T1 川大华西校区足球场和田径场下,修建了一个地下停车场 R1。T2 停车场分为 AB 两区 R2,T3 其中 A 区为地下三层 R3,T4 有 1500 多个停车泊位 R4。T5B 区在足球场附近 R5,T6 有 700 个车位 R6。T7 该停车场主要用于校内停车 R7,T8 预计 8 月底建成使用 R8。(成都发布2016.5.30)

从这 8 个主述位结构我们可以看出,整个语篇围绕"川大华西校区修建地下停车场"这个话题展开。T1 引出话题,也引出语篇的主题句。T2-T8 紧扣话题,说明停车场的位置和规模,其中 T4、T6、T8 因与前句主位一致而省略,根据语境我们能判断出 T3=T4、T5=T6、T7=T8,接下来我们将该语篇的主位推进过程分析如下:

T1→R1, T2(=R1)→R2, T3(=R2')→R3, T4(=T3)→R4, T5(=R2')→R5, T6(=T5)→R6, T7(=T2)→R7, T8(=T7)→R8.

通过主述位的切分,我们发现该语篇主要使用了平行型、延续型和派生型三种主位推进模式。平行型使用了 4 次、延续型使用了 1 次、派生型使用了 2 次。通过三种主位推进模式的配合使得各句关系紧密,语篇围绕同一话题进行。对语篇中推进模式的研究有助于了解各句之间的语义联系。我们根据主位推进模式,进一步探讨句际间的语义关系,从而观察各句如何通过主位推进模式进行衔接并帮助语篇达到连贯。

T3 和 T5 是对 R2 的进一步说明(A 区和 B 区是对 A、B 两区的进一步说明)。

T3 和 T4 是等值关系。

T7 和 T8 是等值关系。

T7、T8 又和 T2、R1 是等值关系(地下停车场=停车场=该停车场)。

张德禄认为,语篇中的主题句可以说是语篇在最高层次上的"主位",下面每层主位都服从最高层次的全篇"主位"。根据句子间的语义分析可知,(43)这个语篇中句与句之间的主位或述位进行了语义衔接,语篇按照它们之间的关系展开和进行,每个句子都跟"川大修建地下停车场"这个话题相关,句义间层层相扣、句句相关。三种主位推进模式使整个语篇呈现严密的语义结构,语篇的连贯表达就是这样在统一的语义场和有规律的主位推进中完成的。

三、信息结构分析

政务微博的传播对象和服务对象是广大微民,没有微民的关注,政务微博中发布的信息就没有任何意义,判断政务微博语篇及时、有效传播的标准是广大微民能否获取语篇中的信息内容。因此研究语篇中的信息结构具有重要意义。

布拉格学派创始人马泰修斯首先将信息传递理论纳入语言研究,他发现,位于句首的成分在言语交际的过程中有引出话题的作用,他把这类位于句首且在交际过程中能起到引出话题作用的成分叫作主位,主位一般表示已知信息。把句首后面的部分叫作述位,述位表示的是新信息。韩礼德从信息理论的角度将马泰修斯的理论进行补充,他指出语篇是由信息单位构成的,信息结构包括新信息——未知信息和旧信息——已知信息两部分。新信息提供未知内容,是不可预测的,旧信息提供背景信息,是可以预测的。语篇中的信息结构就是两种信息相互作用的过程。

我们认为应从语义角度和功能角度来看信息结构。从语义角度看,语篇中的旧信息不断引出新信息,新信息不断变成旧信息同时又引出更新的信息,从而使语篇意义逐步展开,可以说语篇意义的产生是新旧信息相互作用的结果。从功能角度看,语篇的每一个成分在已知信息和新信息组成的框架中均具有一定的功能。载有已知信息的成分对交际发展的作用小,载有新信息的成分对交际发展的作用大。如果说主位结构是以陈述者为中心表达连贯语篇所反映的相关内容,信息结构则是以话语的受众为中心,使受众解构语篇、理解语篇的形式。

主位一般分为单项主位、复项主位和句式主位三种。1.单项主位:句子中的主位只体现一种元功能。单项主位可以由一个名词词组、副词词组或介词短语充当。充当单项主位的往往是及物性系统里表示概念功能的经验成分;2.复项主位:由两个或两个以上的词组组成的主位,体现两种或两种以上的元功能,即概念功能、人际功能、语篇功能;3.句多主位:当一个句子含有两个或两个以上的小句,首先出现的小句是主位,而小句内部还可以再进行主位、述位。

主位还可以划分为"有标记主位"和"无标记主位",除了主位的划分中可以用到有标记和无标记的概念,语言学中其他方面的研究也可以用到这一概念。在主位结构中,句子的主位和句子的主语相同时,我们就称其为"无标记主位",句子的主位和句子的主语不同时,我们就称其为"有标记主位"。"主位—已知信息"与"述位—未知信息"的结构是最常见的主位结构与信息结构的对应关系。主位传递已知信息,即那些已经被交际双方了解的内容或事件背景。述位传递新信息,通常传达受话者未知的内容。但当主位是有标记主位时,主位传递的就不一定是已知信息而是新信息,这时信息焦点与主位一致,主位突出了语篇的焦点信息。

我们在新浪微博中选取 5 个类型不同的政府机构官方微博"公安部打四黑除四害""深圳公安""深圳天气""成都发布""中国大学生在线",从每个官方微博中我们抽取 2017 年 4 月 30 日发布的 10 条微博消息,共 50 条作为研究对象,考察其主位的使用情况。我们从单项主位和复项主位、标记主位和无标记主位对研究对象进行统计。

50 个政务微博语篇共划分出主位 427 个,从单项主位和复项主位角度来看,其中单项主位 358 个,占 84%,复项主位 68 个,占 16%。可见,政务微博中单项主位的使用比率远超复项主位。我们对单项主位占绝对优势的原因进行总结,主要有以下几点:

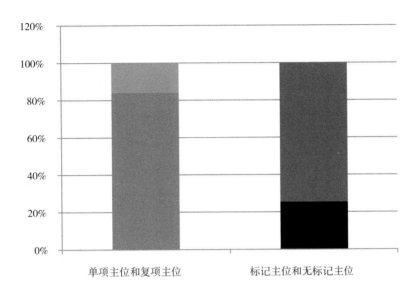

主位类型统计图

1.与其他媒体发布的消息相比,政务微博受到 140 字的篇幅限制,所以发布的消息更加简洁明了,发布者常常采用开门见山的方式发布消息内容,而复项主位含有两个或两个以上的词组,包含概念成分、人际成分、语篇成分等,成分复杂,表述繁琐,不符合政务微博简洁明了的内容要求和开门见山的表达方式,因而复项主位所占比率较低。

2.政务微博通过网络平台传播消息,把网络新闻及时性、碎片化的特点运用到了极致。这一秒发生的新闻内容,可以同步出现在政务微博中,对此官方微博进行关注的受众就可以第一时间了解新闻内容。有时一条微博信息可能只有一句话,上下两条微博消息内容可以毫不相关。因为微博的及时性及碎片化特点,所以微博更新速度快,发布数量多。

3.原发微博的开头不需要出现传统媒体新闻中常见的"据……报道",即使是转发微博,也只需在语篇末尾用符号"@"及转发微博名称即可。政务微博作为篇幅较短的微型语体,信息量较少,信息的完整自足性较低,微博内容强调事件的过程和结果,省去了新闻导语,有时甚至省去了新闻事件的背景介绍,因为政务微博发布信息的及时性特点,新闻事件发生的时间受众可以通过微博发布时系统自动记录的时间推断出来。受到传播媒介和微博发布方式的影响,政务微博直接说明内容,所以单项主位占绝对优势。

从标记主位和无标记主位来看,标记主位共 108 个,占 25.4%,无标记主位 319 个,占 74.6%。政务微博语篇中无标记主位所占比率几乎是标记主位的三倍。我们对标记主位进行考察,发现每个语篇的话题部分常见标记主位,如:

(44)【四川山里的大佛,你见过几个?】#连线四川#四川,自古就有"天府之国"之美誉。这里总有许多美丽、神秘的地方,尤其是那些隐藏在深山中让人叹为观止的大佛雕像,总能引发出无数的遐想与赞叹。(成都发布 2017.4.30)

(44)话题中"四川山里的大佛"是主位,这句话的主语是"你"。例子中的话题中主位和主语不是同一成分,所以这里的主位是标记主位,可见这时主位传递的不是已知信息而是新信息。因为话题是整个语篇内容的中心,后面内容都是围绕话题进行叙述的,所以为了吸引受众的注意,话题中常见把新信息放在主位位置,以起到突出焦点信息的作用。

韩礼德曾经作过一个比喻,"主位就像墙上的钉子,信息就像挂在钉子上的东西"。这个比喻的意思是:主位是信息安排的纲,述位是传达新信息的目的,语篇中信息的传递是有序的,不能将信息单位随意堆砌,主位结构和信息结构也是密切相关的,虽然二者并不能等同,存在很多差异,但要了解语篇的信息结构,主位结构是很好的着眼点。可见,语篇中的主位结构安排是有目的的,是为语篇表达服务的。政务微博文本语篇中的主位以单项主位和无标记主位为主,微博话题中常见标记性主位,这主要是为了突出焦点信息。从主位结构入手对政务微博文本语篇中的信息结构进行考察,可以帮助受众抓住语篇中的信息内容,提高对篇章的构建和理解。

第三节　政务微博文本的语境与言语行为

一、政务微博文本的语境建构

语境是系统功能语言学中的重要概念,英国人类学家 Malinowski 提出了情景语境和文化语境的概念。情景语境指与言语交际活动发生直接关系的客观环境,文化语境指言语活动参与者及言语活动本身所处的社会文化背景。韩礼德指出,体现情景语境的三个因素分别是:话语范围、话语基调和话语方式。这三个因素影响着语言形式的选择和语言的使用效果。语言一边反映着语境,一边又建构着语境。我们从政务微博话语范围、话语基调、话语方式三个方面探讨政务微博的语境建构。

（一）话语范围——技术性与非技术性话语内容

话语范围指话语交际的内容或话题。“话语范围可以根据话语交际活动的专业化程度分为技术性话语内容和非技术性话语内容。"①技术性话语内容涉及专业知识,专业性强,专业词汇多,分类精细,如各类专业报告等。非技术性话语内容不涉及专业知识,话语容易理解,正式程度较低,分类简单。

我们以深圳交警政务微博中的内容为对象,总结深圳交警政务微博内容包括:路况信息、违法曝光、交警故事、警员访谈、政策发布、天气情况、交通援助、睡前一句、清晨语录、城市介绍、防范提示。我们可以把以上政务微博的内容分为技术性和非技术性两类。

技术性内容:路况信息、违法曝光、交警故事、警员访谈、政策发布、交通援助、防范提示。

非技术性内容:天气情况、睡前一句、清晨语录、城市介绍。

技术性内容中都为深圳交警发布的关于机构职能方面的信息,非技术内容都为深圳交警发布的公众需要、生活服务方面的信息。政务微博的内容都可以基于以上两大类进行细分。以下列举党政外宣机构、警务机构以及学校教育部门的微博栏目进行分析。

1.党政外宣部门微博栏目举例

新浪微博"南京发布"(南京市委宣传部新闻发布官方微博)内容设置主要包括:

技术性内容:南京接触、政务发布、政策新解、微博辟谣、质量检测、教育新知、劳动保障、政务微调查。

非技术性内容:南京气象、美食记忆、轨交趣闻、大学时光、一周文体、

---

① Gregory Martin, *Language and Situationg*, London:Routledge.keganpau,1978,pp.34-38.

学说南京话、南京交通、节日路况、南京身边事、安全出行、景点介绍、公交运营。

新浪微博"成都发布"(成都市委宣传部新闻发布官方微博)内容设置主要包括:

技术性内容:住在成都、连线四川、秒拍成都、网事聚焦、现在发布、国际成都、创新成都、我爱成都、今日微议、国内新闻。

非技术性内容:晚安成都、生活服务、美食成都、早安成都、成都午间天气、交通出行、博闻广记。

新浪微博"上海发布"(上海市委宣传部新闻发布官方微博)内容设置主要包括:

技术性内容:探索上海、最新、就业保障、劳动保障、连线各区、上海记忆、申城先锋、市场监管、质量安全。

非技术性内容:通资讯、便民提示、爱体育、上海闲话、早安上海、上海书展、节气、天气预报、最榜样、文化资讯、空气质量、午间时光、滋味、灯下夜读。

各级政府党政外宣部门政务微博的技术性内容主要是传达上级精神、宣传党和政府政策、执政理念,还包括当地社会管理的权威信息。非技术性内容为公共服务类,涉及天气、体育、文化、美食等人们日常生活的方方面面。除此之外,这类政务微博还通常设置一些凸显本地文化特色的话题,比如,"南京发布"中的"学说南京话""南京身边事","成都发布"中的"美食成都","上海发布"中的"上海书展""上海闲话"等。

2. 警务管理部门微博内容举例

新浪微博"深圳公安"(深圳市公安局官方微博)内容设置主要包括:

技术性内容:勇敢发声、警花淑芬、一线警察、深圳警事、警辅之星、警方揭秘、警情通报、深圳警队、请民寻人。

非技术性内容:背后故事、安全常识、每日警星、周末路况播报、带你认识深圳、清明祭英烈、我们的英雄。

新浪微博"深圳交警"(深圳交警支队官方微博)内容设置主要包括:

技术性内容:违法曝光、政策发布、深圳交警直播、深圳交警铁骑、深圳交警猎虎、微公告。

非技术性内容:路况播报、交警故事、警员访谈、天气情况、交通援助、睡前一句、清晨语录、城市介绍、防范提示。

新浪微博"天津交警"(天津市公安交通管理局官方微博)内容设置主要包括:

技术性内容:津警说、交管新闻、一线微观、天津交警在行动、平安365、执法直播台、两公布一提示。

非技术性内容:看图揭秘、前车之鉴、覆车之戒、网罗天下、交管见闻、蜀黍说安全、看图涨姿势、趣闻视频、尾号及限行提示、路况播报、高速出行提示、微博辟谣、交警的约会、跟我学科目一、一路平安。

警务部门的政务微博中我们列举了"深圳公安局""深圳交警支队""天津公安交通管理局"官方微博内容设置情况。这些微博的技术性内容主要围绕各自管辖范围内的警务管理和交通管理情况展开,非技术性内容设置较多,但主要是警务部门为确保人身财产安全、交通行车安全而提供的公共服务信息,除此之外,"睡前一句""清晨语录"等跟警务管理部门职能毫不相关的栏目极少。

3.教育部门官方微博内容举例

新浪微博"中国大学生在线"（教育部中国大学生在线官方微博）内容设置主要包括：

技术性内容：高校新闻、高校教改、教育新政、小中微推、教育头条。

非技术性内容：有个好梦、大学摄影、生活小助手、学习便利贴、青春朗读者、光辉岁月、一日之计、午夜话疗、在线下午茶、青春学习者、传承的力量、传递青春梦想、平安校园。

教育部门的政务微博技术性内容围绕高校教育改革、教育理念和教育新政解读等方面进行。非技术性内容主要为大学生活及学习提供服务，除此之外还有一些鼓励大学生的正能量栏目，如"传承的力量""传递青春梦想""光辉岁月"等。

可以看出，政务微博内容方面除了相关政策法规、政务概要等，还包括很多服务类内容，可以说政务微博的内容已经扩展到人们生活的方方面面，不同部门会根据自己的职能特色，提供相应的内容。通过观察政务微博具体的文本内容，技术性内容和非技术性内容的区别显而易见。比如：

（45）【成都公积金中心接入全国住房公积金异地转移接续平台】#住在成都#4月28日起，按照住建部统一部署和安排，成都公积金中心正式接入全国住房公积金异地转移接续平台，更加方便职工在转入地中心办理业务。至此，已经接入上线城市之间办理职工住房公积金异地转移接续业务，将统一在平台上操作。

例（45）的微博信息属于官方微博发布的权威资讯，属于技术类内容。

(46)【美好生活】#北京您好#今天是"五一"小长假第二天,车辆尾号不限行,气温 13—29℃。早安心语:好的生活是朝着内心的方向款款而行,走出自己的步调,才有可能内心从容,真正享受生活的多元与美好。早安!

例(46)的微博信息前一句提供天气情况和出行信息,后一句用抒情式的语句问候早安,这是非技术类内容。

不同的话语内容对词汇、话语结构的选择有很大的制约作用。技术类内容中语言正式、态度严肃,所运用的语言以现代规范的书面语为主,适当吸收生活中常见的口语词、惯用语等,这类微博内容词格使用较少,话语无歧义,需要保证内容的真实性、权威性。非技术性内容中语言轻松、幽默、口语化明显、常用各种辞格表情达意,结构松散,突出表现自我个性。

(二)　话语基调——平等与权力的话语态度

话语基调指活动参与者之间存在的角色关系以及复杂的社会关系。决定话语基调的三大因素是:接触程度、权势关系、情感介入。权势关系反映交际双方在交际过程中的地位。如果交际双方地位悬殊,一方处于主导地位,另一方处于跟随地位,那么是权势关系,权势关系在交际中的话语态度和用词上会有诸多体现。如果交际双方关系平等,语言中也会体现出"对等性"。情态动词和称呼语的使用可以反映政务微博中不同的权势关系。

1. 从情态动词看政务微博的话语基调

朱冠明在《情态与汉语情态动词》中指出汉语中的情态动词有 25 个①,分别为:能、能够、可以、会、可能、得(dé)、敢、肯、愿意、情愿、乐意、想、要、应、应该、应当、该、值得、配、别、甭、好、一定、得(děi)、必须。这些情态动词分三个等级,高值情态词(必然性)、中值情态词(盖然性)、低值情态词(可能性),朱冠明对部分情态动词进行研究,确定了"需要、要、应当、得、必须、一定"等为中高值情态动词,"可、可以、会、可能"等为低值情态动词。高值情态动词出现在权势关系中,语气严肃,不容否定。低值情态词出现在平等关系中,语言灵活,语气委婉。

a. 权利关系下的政务微博常用情态动词举例

(47)【市房管局:未来3年成都将筹建各类住房105万套】市委十三届三次全会上提出,必须始终坚持房子是用来住的、不是用来炒的,更好满足刚需和改善性住房需求。未来三年,全市将筹集建设各类住房105万套,以保证住房供给。(成都发布 2018.7.8)

(48)【骑行非机动车,一定要戴好安全头盔】#深圳交警一线# 难道戴头盔就那么麻烦吗? 🐷 细节关乎生命! 安全才是离家最近的距离! 骑行非机动车出行一定要戴安全头盔! 石岩中队在宝石南路砖厂路口开展非机动车不戴安全头盔整治。(深圳交警 2016.8.1)

(49)【违停受罚、乱停必拖】亲,清晨你的车还在景区停车场,记得挪车哦! 2月8日早上8点半左右,光明交警通知司机将停放在光明小镇3号停车场过夜的21部车辆移走,无法通知的,拖走了!(深圳交警 2017.

---

① 朱冠明:《情态与汉语情态动词》,《山东外语教学》2005 年第 2 期,第 17—20 页。

2.8）

（50）【外卖骑手也要文明出行！浦东警方公布两张违法清单】#连线各区#外卖送餐虽快,但骑着电动车飞驰而过的骑手往往会把不少行人吓一大跳。自去年12月浦东新区开展行人非机动车违法大整治以来,外卖骑手成为整治重点,今年1月共查处交通违法10033起。近日,@浦东交警 公布了交通违法多发外卖骑手清单和交通违法行为多发类型清单,并对一名记分超过36分的骑手予以强制"下架"拉黑,禁止该名骑手在三家企业外卖平台从事外卖业务。守法出行,文明出行,请大家一定牢记在心！（上海发布2017.2.25）

政务微博是国家行政机关、政府部门实名认证的信息发布平台,发布内容代表着政府形象,其话语权自然赋予了权威性。政务微博中的权势关系决定了信息发布者发布信息时采取的立场和态度,作为权势关系中的强势方会保证自身话语的权威性。情态动词的使用就是话语权威性的表现,政务微博例子(47)—(50)中使用了有权力性特征的高值情态动词"必须""一定""必""要",增加了政务微博的权威性,可以看出这样的微博信息情感介入少、语体正式、结构严谨。高值情态动词的使用体现了政务微博中的权势性。

b.平等关系下的政务微博常用情态动词举例

（51）【社交时可以使用的7个开场白】参加活动时总是脱离人群自己待着？完全不知道能跟刚认识的人聊点啥？怎么能打破尴尬的局面,成为一个社交高手呢？社交最难的不是维持一段已经开始的对话,而是鼓起勇气开启一段对话,掌握社交之处的要点,成为"话题"的制造者。两位社交达人总结的实用开场白↓↓说不定能给你提供一些新思路！转存学习~（北京发布2016.12.17）

（52）【高考成绩公布后,这15个热点问题的权威解答在此!】#最新#今晚高考分数线公布后,你可能有很多问题。没关系,市教育考试院刚刚发布15个热点问题解答,快来看看吧!（成都发布2017.6.23）

（53）【沪将推出5条市郊生态游线路,全家可一起去游玩啦!】#探索上海#森林旅游节期间,上海本土有哪些森林生态游的好去处?@绿色上海 说,在今年全国森林旅游节期间,本市将推出5条市郊生态游线路,包括:崇明生态主题游线路、上海浦江源主题游线路、上海滨江生态游线路、上海林文化主题游线路、上海郊野公园主题游线路。找个周末约上小伙伴去体验一番吧!（上海发布2017.8.30）

政务微博中平等关系的双方在话语选择上体现交互性,因为政务微博中交际的双方都有参与对话、互相关注的权利。平等的话语态度表现为:一方面说话诚恳,语气不傲慢,不咄咄逼人;另一方面话语营造近距离感,不打官腔,不给人压迫感。这就要求政务微博中平等关系的双方通过平等的话语态度进行交流。例子(51)—(53)中"可以""可能""可"等低值情态动词的使用,体现出政务微博的平等性。

2. 从交际双方的称呼语看政务微博的话语基调

"去中心化"已成为当今政务微博信息传播的一个重要特点。政务微博中的发布者和接收者都成了信息的传播者,改变了以前的信息传播模式,政务微博的"政务性格"逐渐被淡化。在新媒体环境下,政务微博不再是单向发布信息,还需与受众进行交流沟通,在交流沟通过程中交际双方对自己和彼此的称呼,都能体现二者流露的情感和接触程度。

a.政务微博发布机构对自身的称呼

新浪微博"北京发布""南京发布""上海发布"等政府新闻办公室的微博经常自称"小布"：

(54)【走进北京名人故居,触摸北京文化底蕴】趁着明天周末有时间,不妨去拜访北京的名人故居吧！既可以探寻隐藏在这喧嚣城市深处的历史,还可以与他们来段穿越时空的"亲密接触"。小布为大家盘点了11处名人故居,戳↓↓查看。（北京发布 2017.8.17）

(55)南京高考成绩 6 月 25 日公布,像志愿设置和录取批次、模拟填报志愿、高招咨询会、自主招生这些事儿,小布特别整理了这份考后提醒,记不住的时候拿出来看看。（南京发布 2016.6.9）

(56)【民办中小学招生面谈如何进行？小布带你去现场看看~】#教育新知#昨天和今天是 2017 年上海市义务教育阶段民办中小学招生面谈的时间。市教委今年明确要求民办中小学面谈"七个严禁"。快跟着小布去看看吧！（上海发布 2017.2.28）

还有很多政务微博里自称"小编"：

(57)【禁停路段,只要人在车里,就不会被罚？这些常识不得不知！】你也因违停被罚过吗？有的驾驶人不认识违停标志,有的驾驶人自觉没有违停,但被处罚后大吐苦水,其实这是驾驶人存在认知误区。下面小编给大家介绍常见的几个违停认知"误区"！（深圳交警 2017.6.12）

(58)为确保安全,车站一般会在开车时刻前 5 分钟停止检票。亲们在车站乘坐火车时提前到站候车,按时检票上车,以免耽误行程。小编提醒大家妥善安排好自己的时间,不要耽误进站、取票。（广州铁路 2017.7.12）

政务微博中以官方机构语气发布信息,是为了强调政府机构的权威性,不同的发布口吻,突出的情感介入和接触程度也不同。以政府机构的口吻与公众对话,体现的是正式和严肃的语调,情感介入较浅,距离关系明显。以个人口吻与公众对话,体现的是相对轻松的语调,情感介入较深,距离关系不明显。(64)—(68)中各机构的政务微博用"小编""小布"这样充满个人色彩的称呼来自称,是一种拟人化的自我称呼,塑造一个虚拟人物代表政府机关与民众对话,不仅突出政府机构的人性化特点,而且拉近了民政之间的距离。

b.政务微博发布机构对受众的称呼

(59)【南京签证申请中心汇总】@南京政务服务 整理了在南京办理国外签证的申请中心,马住!转给需要的小伙伴吧!#政务微服务#(南京发布 2017.4.29)

(60)【收藏!医保报销最详细解读看这里】#提示#临近年底,还有不少童鞋因为对医保政策不了解,压根想不起自己还有医保上的一笔钱可以报销回来。小布专门请教了专家,医保报销政策细解读,请看下图↓↓↓(北京发布 2017.11.19)

(61)【自贸区内进口热销商品最新价格监测】春节即将来临,亲们有采购计划吗?对外高桥进口商品直销中心(自贸区店)的部分热销商品开展价格监测,本期共 6 大类 36 种商品,包括休闲食品、肉制品、水产品、酒类、水果等。戳图↓(上海发布 2016.1.29)

(62)【#北京百位新闻发言人微博上线#预告】筒子们,27 日 10:00,北京市百位新闻发言人认证微博将在新浪集体上线,入驻"北京微博发布厅"!小布将从 9:30 开始为大家直播上线仪式,一起见证这一政民互动新平台的开通。(北京发布 2016.2.26)

政务微博(59)—(62)中分别将受众称呼为"小伙伴""童鞋""亲们""筒子们",其中"童鞋"和"筒子们"分别是"同学"和"同志们"的谐音,

"亲"最早是出现在网络购物平台"淘宝"中客服和买者之间的称呼,后使用范围逐渐扩大,成为流行的称呼语。这些称呼体现出政务微博中说话者旨在拉近与听话者的距离,和听话者之间建立一种亲密关系。

c.政务微博受众对发布机构的称呼

江宁公安在线 V 🐼
8月10日 15:13 来自 Android
内容是真的,我都收到了。发短信的同志可能只是对诈骗短信的传统风格不太了解,乍看起来有点像。

@七烨 😊
请警察蜀黍鉴别:这条短信是真是假?@江宁公安在线

国家承诺决不让一个学子因家庭经济困难而失学!了解政策请关注全国学生资助中心网址可"中国学生资助"微信公众号 有疑问请拨打高校资助热线010-66097980、66096590。

天津发布 V 👑
2016-8-30 13:53 来自 微博 weibo.com
回复@李武望:收到!想看视频的小伙伴戳→ //@李武望:截图出自我们拍摄的《了不起的匠人》纪录片 小编可以的话推一下视频 让更多人看到视频 这样对我们这个纪录片创作者也是鼓励 🔗东源村的木活字修谱师 160729👍😊

　　从上面的政务微博截图我们发现,网友"七烨"针对自己收到信息的真实性对江宁区公安局官方微博求证,对江宁区公安局的称呼是"警察蜀黍",网友"李武望"称呼天津政府办公室官方微博为"小编"。可见政务微博中的话语交际双发都能通过使用个人化明显的称呼来拉近政府与民众的距离,用平等的话语态度促进二者有效沟通。

Grice 按照话语正式程度的强弱,提出五个等级:结构严谨、意义严密的刻板语体(frozen);适合在公开场合发表的正式体(formal);与人商议的协商体(consultative);轻松自在、不受拘束的随意体(casual)和多用于家人间交流的亲密体(intimate)①。政务微博里权势关系中的强势方会使用正式体的官方话语,来维持自己的权威地位,发布者在官方话语中隐去个人特征,加入正式体的元素,显示出官方话语不同于个人话语的严肃性与权威性。平等关系中的双方则倾向于选择使用协商体和随意体,用平和的语气、亲昵的称呼来构建具有亲和力的话语基调,从而加强信息的交流。政务微博中的正式体、协商体和随意体界限日益模糊,三者在意义上是一个连续统。政府机关需要在权威性和亲和力中寻找二者的平衡点,使政务微博话语既具有亲和力又不失权威性,从而形成良性互动。

政务微博出现在以互联网为媒介的话语环境中,作为新媒体话语中的一类,是代表政府机关发声,促进政民互动的积极尝试。官场套话式的微博话语与网络平台中自由、个性化的风格不符,因此政务微博在内容发布过程中为了避免流于"官腔",需要改变惯用的官方语言表达,尝试融入"口语化"风格,这在一定程度上能加强交际双方的情感交流、消解政府部门的刻板形象。这决定了政务微博发布者要在权威性和亲和力间找到话语基调的平衡点。

(三)　话语方式——严肃与亲和的话语方式

话语方式是话语内容表达手段的总称。如果说话语内容和话语基调决定着言语活动的特点,不同言语活动的特点使言语行为具有不同的语

―――――――――

① H.P.Grecce, *Logic and conversation*, New York:Academic Press,1975,pp.41–58.

体风格,那么话语方式将话语风格表现出来,承担起突出语言现象的功能。口语体出现在交际双方面对面的交流活动中,交际双方选择不加修饰的自然语言。书面语一般是经过修饰的非自然语言,形式内容比较规范。政务微博话语作为机构话语和网络话语中的一种,我们不能简单地把政务微博分为书面语和口语两种。一些政务微博为了维护政府的形象和公信力,突出消息内容的庄重性和严肃性,仍然秉承了传统政府话语的基本特征,如中国政府国务院办公厅在新浪认证的官方微博"中国政府网"。

(63)【国企办教育医疗机构改制移交等工作2017年底前将基本完成】《国有企业办教育医疗机构深化改革意见》发布,鼓励国有企业开办职业教育,并继续深化改革,大力加强职业教育投入、增强职业教育学生的实践,对开办职业教育困难的国有企业应移交地方政府办理。(中国政府网 2017.9.26)

(64)【公务员考试新规10月1日起实施,参加国考的同学请注意】近日,中央组织部发文公布《公务员考试录用违纪违规行为处理办法》,规定报考公务员考试的考生存在携带器材、抄袭、替考等作弊行为的将取消考试资格,终生取消其公务员考试资格。(中国政府网 2016.9.30)

(65)【国务院印发《关于优化建设工程防雷许可的决定》】《决定》要求,房屋质量监察局联合相关部门健全工程防雷管理工作机制,各部门应相互配合,完善工程防雷工作标准,简化工作流程,细化验收要求,落实相关部门责任,并在年底完成工作交接。(中国政府网 2016.6.28)

作为国务院办公厅的政务微博,"中国政府网"第一时间权威发布国务院重大决策部署和重要政策文件,其语言为正式的书面语。但更多的政务微博为了获得网民的关注,获得点击率,增强传播效果,对正式的书面语进行适当调整,改变了政务微博中传统书面语严肃正规的特征,带上了口语化、个性化特征。改变后的政务微博话语方式受到网友的青睐和欢迎,拉近了政府部门和普通民众的关系,具有亲和力的语言增加了政府机关与民众的交流频率,引起民众的共鸣和认同。政务微博文本中的口语化特征表现在以下方面:

网络流行语	例句	来源微博
种草	面对商场的各种强烈推荐,网上各种"种草榜单",怎样选出最适合自己的	新浪微博"北京发布"2017年6月3日
友谊的小船说翻就翻	友谊的小船说翻就翻,我们一说要穿短袖了,天空君立马就变脸	新浪微博"成都发布"2016年4月15日
戏精	七大博物馆合作上演"第一届文物戏精大会",让国际博物馆日走近更多人	新浪微博"天津发布"2017年5月9日
拍砖	8月22日(周六)上午,我们将在上海书展现场(延安中路1000号)等您来"拍砖"	新浪微博"上海发布"2016年8月18日
蓝瘦香菇	古人表达"蓝瘦香菇"是如何把"蓝瘦香菇"说得委婉典雅、流传千古的呢	新浪微博"共青团中央"2016年10月25日
颜值	小布坐标越秀,广州蓝再现颜值新高度	新浪微博"广州发布"2017年1月20日
一言不合就……	【江津有个新"网红",一言不合就卖萌!】	新浪微博"重庆发布"2016年7月4日
腻害	最强悍的野外生存技能,没有之一。太腻害了!	新浪微博"深圳公安"2016年7月4日
萌萌哒	【文物"活起来",可以这样萌萌哒】	新浪微博"广州铁路"2016年6月19日
也是醉了	没有阳光的室内:有点冷;晒太阳的室外:有点热。想想也是醉了! 今日晴,9到24℃。	新浪微博"广州发布"2016年3月1日
洪荒之力	【交警用"洪荒之力"接受高温"烤验"】	新浪微博"上海铁路公安"2016年8月3日

续表

网络流行语	例句	来源微博
打 call	税阅人生,与宪同行！11 月 14 日,税务人为宪法宣传周打 call	新浪微博"上海税务"2017 年 11 月 14 日
迷妹	【重庆杜莎夫人蜡像馆 9 月 10 日开业 追星不用去外地】重庆的迷妹们	新浪微博"重庆发布"2016 年 8 月 30 日
小拳拳捶你胸口	战友兄弟之间的情谊,胜过小拳拳捶你胸口的甜蜜	新浪微博"平安北京"2017 年 2 月 2 日
土豪	【海昏侯金器篇】#小布在现场#海昏侯真可谓是名副其实的"土豪",戳图↓↓	新浪微博"重庆发布"2016 年 3 月 11 日
躺枪	南京人眼中的各大高校居然是这样,看看你的学校躺枪没🙄	新浪微博"南京发布"2016 年 6 月 20 日
点赞	【2017 年前三季度市场环境形势分析显示:改革亮点不断涌现 群众点赞政策红利】	新浪微博"上海工商"2017 年 10 月 16 日
背锅	新加坡网友称:吃到"中国假鸡蛋"……中国不背锅！转发,辟谣！戳图,看真相↓	新浪微博"共青团中央"2017 年 11 月 7 日
安利	坐船游运河！没错,这是大家的新福利~今天,杭小布还要安利给你不少交通优惠	新浪微博"杭州发布"2017 年 11 月 27 日
扛把子	餐桌神器菠萝炒饭,颜值味觉扛把子	新浪微博"广州发布"2017 年 7 月 3 日

英语词	例句	来源微博
style	【草原 style 的广场舞 一起跳起来】在内蒙古大草原上,除了蒙古族,还有族	新浪微博"共青团中央"2017 年 8 月 18 日
by	温柔要有,但不是妥协,我们要在安静中,不慌不忙地坚强。(by 林徽因)各位,晚安~	新浪微博"北京发布"2016 年 10 月 6 日
just let it go	当别人误会你了,你会立即反驳么？还是 just let it go?	新浪微博"大学生在线"2017 年 10 月 16 日

续表

英语词	例句	来源微博
go	看了这些,你看大片的时候终于知道下个镜头警察们要干吗了! GO GO GO	新浪微博"平安北京"2016年11月8日
get	get 一个新词:隐形贫困人口。不说话!是的点赞	新浪微博"南京发布"2017年8月18日
bug	网传安卓版微信出现 bug,发送"两位数字+15个句号",对方系统会卡死	新浪微博"深圳公安"2017年9月26日
via	关键时刻手机没准能救你的命,女孩子一人出门在外都看看! via公安部	新浪微博"深圳公安"2017年7月28日
love	【召唤 UBER 彩蛋车,遇见 Love Box】情人节小布准备了礼物	新浪微博"南京发布"2017年2月14日

喻国明曾指出,"如果把话语表达方式看成是唱歌的话,我们要从过去单一声部齐唱转型到能够容纳更多的声部的混声合唱"①。这就是说要改变单一的话语形式,运用多样的话语表达方式。从上表可以看出,政务微博中网络流行语、英语词、方言词的使用,正符合这种"多声部的混声合唱"的话语表达方式,政务微博中口语化、个性化表达方式的加入,是政府机构与民众建构"协商式对话"所作的努力,接地气的政务微博话语更能吸引广大民众的注意。

二、政务微博言语行为分析

人们使用语言进行信息交流和交换的过程就是言语行为。任何言语

① 喻国明:《传播语法的改变与话语方式的革命》,《现代传播》2007 年第 4 期,第 70—72 页。

行为都有一定的意图,意图可以从一般性和特殊性两个角度来考察。我们同样可以从一般性意图和特殊职能性意图两个角度分析政务微博言语行为,一般性意图指的是任何言语行为都具有的意图,我们按照舍尔(1976)对言语行为的分类①,从陈述类(repre-sentatives)、指令类(directives)、承诺类(commissives)、表达类(expressives)和宣告类(declarations)对政务微博从一般性意图的言语行为角度进行分类分析。职能性意图指政府部门所具有的职能意图,如政府部门在政务微博中常见的日常维护言语行为、突发事件中的危机管理言语行为、政府部门言论不当采取的形象修复言语行为。

(一) 基于一般性意图的政务微博言语行为

1. 陈述类言语行为

这是对所表达的命题的真实性做出判断,如陈述、否认等的一种言语行为。在政务微博中主要表现为政府机构将信息传递给民众的言语行为。根据政务微博中存在发布和回答两种信息传递模式,我们可以把陈述类言语行为分为以下两种进行说明:

a.主动性陈述言语行为

政务微博中大部分言语行为为主动陈述,政府部门通过主动陈述发布信息、进行宣传,陈述言语行为具有告知、说明、宣传、讲述、判断等功能。

(66)茶叶也有自己的"最佳伴侣",搭配起来能让保健功效加倍……

---

① J.R. Searle, *Expresstion and Meaning ; studies in the Theory of Speech. Acts* , Cambridge ; Cambridge University Press, pp12-20.

（新浪微博"成都发布"2016.6.30）

(67)旧的房产证并非一定要换"新证"……

（新浪微博"公安部打四黑除四害"2016.8.7）

(68)微友犯罪，群主有责。

（新浪微博"北京发布"2016.10.21）

(69)高考前的日子是痛并快乐的时光。

（新浪微博"中国大学生在线"2016.6.5）

b.回应性陈述言语行为

这是政府机构在微博中针对微民所提出的疑问进行回复的一种陈述行为，政务微博中的回应性陈述行为在民政沟通方面发挥着重要作用。

"南京市公安局地铁分局"回复@ sudaaaa：

(70)阿姨为了清除台阶缝隙里的顽渍，甚至是口香糖，只能这样擦拭……

（新浪微博"南京市公安局地铁分局"2016.2.26）

"深圳交警"回复@ HuangTao-E979L：

(71)昨晚开车的就是他！查不到驾驶证，确为无证驾驶！

（新浪微博"深圳交警"2016.10.30）

"北京发布"回复@ 用户576215759：

(72)是的，早晚高峰外地车限行！

（新浪微博"北京发布"2016.9.29）

"共青团中央"回复@爱主小花：

(73)走失的老人已经找到……

（新浪微博"共青团中央"2016.7.13）

"中国大学生在线"回复@狼之少年：

（74）不需要现场确认，网络报名即可参加。

（新浪微博"中国大学生在线"2016.11.10）

2. 指令类言语行为

指令类言语行为是说话者对听者所做出的使役性行为，如要求、劝告等。政务微博中的指令行为体现为政府部门让公众按照某种方式或流程做某事，指令类言语行为可以分为主动性和回应性两种。

a.主动性指令言语行为

（75）首届"巾帼杯"全民健身乒乓球比赛要开始啦，快来报名！

（新浪微博"成都发布"2016.2.26）

（76）台风天气，尽量不要出门，留在室内。

（新浪微博"广州发布"2016.7.18）

（77）到付20元快递里面是一张假银行卡，千万别收！

（新浪微博"平安北京"2016.7.30）

（78）爱孩子，请给他们最周到的安全呵护！事故触目惊心，提醒家长一定要加强对孩子的交通安全教育和监管，别让孩子再受伤害！

（新浪微博"公安部打四黑除四害"2016.7.1）

（79）支持原创作品，清朗网络空间，弘扬传统文化，我们共同努力。

（新浪微博"共青团中央"2016.10.17）

b.回应性指令言语行为

"深圳公安"回复@牛帽帽：

（80）感谢这位网友提供的线索，我们会陆续报道该案的进展。大家可以拨打110为我们提供更多这方面的线索。

（新浪微博"深圳公安"2016.7.8）

"平安北京"回复@网友34209123：

(81)建议您到所在辖区派出所报案。

(新浪微博"平安北京"2016.4.21)

"成都发布"回复@槐树下的月光：

(82)请您现在就戒烟，为了孩子的明天……

(新浪微博"成都发布"2016.5.9)

"南京发布"回复@YassingYa：

(83)南京市已实行了医院号源的全市集中管理，建议您通过12320预约挂号。

(新浪微博"南京发布"2017.11.10)

"深圳交警"回复@所有人：

(84)……请各位车主相互转告。

(新浪微博"深圳交警"2016.10.12)

3.承诺类言语行为

承诺类言语行是说话者对某件事情或某个行为一定会发生和实现的承诺。政务微博中表现为政府部门向公众承诺会做到某事，政务微博中的承诺类言语行为可以分为主动性和回应性两类。

a.主动性承诺行为

(85)新的一年就要来了，北京发布会一直在您身边！

(新浪微博"北京发布"2016.12.30)

(86)关注民生、服务民众，我们将不断改进工作，更好地为大家服务。

(新浪微博"成都发布"2016.5.22)

(87)上次参加互动的朋友请联系我们,我们将送上一张来自高淳固城湖的大闸蟹卡!

(新浪微博"南京发布"2016.10.17)

(88)我们会继续努力!

(新浪微博"共青团中央"2016.9.2)

b.回应性承诺行为

"深圳交警"回复@蒲被_cz2:

(89)马上就处理好这个问题,谢谢你!

(新浪微博"深圳交警"2016.10.30)

"南京发布"回复@果壳自然控:

(90)我们已把您反映的情况提供给南京市公安局,南京市公安局会调查此事,争取尽快弄清楚事件,后续情况会向大家通报。

(新浪微博"南京发布"2016.5.19)

"江宁公安在线"回复@凹特曼大叔:

(91)收到! 我们会尽快通知。@江宁交警大队

(新浪微博"江宁公安在线"2016.3.28)

4. 表达类言语行为

说话者对某种情况表达自己的心情或感受,如:祝贺、感动、感谢、道歉等。政务微博中的表达性言语行为是政府机构对某事表达感情的一种言语行为。

(92)故障列车已下线,一号线运营秩序正在逐步恢复中。再次抱歉,敬请谅解!

(新浪微博"南京发布"2016.10.6)

（93）晚安时间。今天十分抱歉微博更得比较少，因为警察蜀黍不幸偶染小疾，这才刚爬起来更几条，晚安！

（新浪微博"江宁公安在线"2016.11.9）

（94）五位获奖童鞋的礼物已经寄出了。很抱歉拖了这么久……

（新浪微博"共青团中央"2016.8.7）

（95）感谢昨天提供线索的热心网友！

（新浪微博"平安北京"2016.4.21）

5. 宣告类言语行为

政务微博中的宣告类言语行为一般体现为让广大民众了解或知晓某事或某政策的言语行为。

（96）下午，龙岗蜀黍继续在爱南路 等路段开展整治，查处违停73宗，其中500元51宗、1000元22宗！

（新浪微博"深圳公安"2016.10.13）

（97）自2016年11月1日零时起，福田口岸附近路段取消长时间停车，实行3分钟即停即走管理。

（新浪微博"深圳交警"2016.10.31）

（98）【江苏政务服务网正式开通上线】现在，通过手机App或电脑登录"江苏政务服务网"71万项审批事项，不出门就能办好。

（新浪微博"南京发布"2017.6.29）

（99）张胜同志任中共成都市青白江区委书记；许兴国同志任中共成都市新都区委书记。

（新浪微博"成都发布"2017.7.10）

政务微博言语行为具有政治和网络言语行为的双重特点，但它和一

般的政治言语行为不同,同时又和网络言语行为存在差异。政务微博是
政府部门给公众提供政务信息的平台,所以以陈述和宣告类言语行为为
主。政务微博言语行为不同于新闻、报纸中的政治言语行为,政务微博要
实现和民众的沟通,赢得民众的信任,因此政务微博中承诺行为也不在少
数。与个人微博相比,政务微博更注重行为的给予,而网络上的个人微博
中指令和承诺言语行为特别少,更多的是对外界信息的索取。

(二) 基于职能性意图的政务微博言语行为

我们把政务微博中的职能意图归纳为三类:日常维护、危机管理、形
象修复。日常维护类表现为政府部门在微博上向民众传递政务信息和生
活信息,以此维持微博内容的持续更新并确保民众顺畅沟通。危机管理
类表现为政府机构对社会突发事件在微博上进行的事件处理和舆论疏导,
避免引起民众恐慌,让民众第一时间了解事情的进展及政府对突发事件的处
理。形象修复表现为政府部门在微博上为消除有损政府公信力的事件产生
的不利影响、消除民众因这些事件所产生的对政府的误解而做的努力。

在政务微博中,可能出现指责、批评政府的话语,我们要研究政府机
构面对批评,如何回应、如何处理。政府机构在面对突发、紧急事件时,如
何充分利用微博平台的即时传播特点,提高危机处理的效率,消除危机影
响。政府机构如何道歉能更好地修复受损形象。以上这些问题都是我们
在基于职能性意图的政务微博言语行为这部分研究的内容。

1. 日常维护言语行为

(1)政务微博中政民互动方式

政府微博日常维护言语行为与报纸、电视等传统媒体日常维护言语

行为的不同之处在于政务微博重视与民众进行言语互动,首先我们对微博中的政民互动方式进行探讨,这种互动可以分为如下两个层次。

a.关注层

政务微博不仅可以被关注,也可以关注其他机构和个人微博。在微博平台上,不管是个人还是机构,用户都通过"关注"和"被关注"建立起一种联系,平台会把用户所"关注"的微博更新内容自动呈现出来,微博用户通过关注其他用户获取信息,也可以通过"被关注"展示信息,双发通过"关注—被关注"的关系进行互动,信息也通过微博平台迅速传播。①

b.交流层

"关注—被关注"和交流组成了微博中政民的互动机制,如果说"关注—被关注"是浅层互动,那么交流就是更深一层的互动方式,用户在微博平台上可以通过评论、私信、@ 政务微博账户的方式与政府部门进行深一层的互动交流。

政府微博互动模式包括:

①政府发布微博—微民回应

政府发布微博—微民评论

平安北京 V 🈲
2017-8-25 11:31 来自 政务直通车
#围剿电信诈骗#【新战果!166名跨境电诈犯罪嫌疑人被押解回国】8月24日21时许,一架中国民航包机降落在浙江温州龙湾国际机场,44名电信网络诈骗犯罪嫌疑人被我国公安机关从马来西亚押解回国。👍

(新浪微博"平安北京"2017.8.25)

---

① 喻国明:《微博价值:核心功能、延伸功能与附加功能》,《新闻与写作》2010 年第 3 期,第 61—63 页。

政府发布微博—微民评论—政务微博回复评论

②微民@政务微博—政务微博回复

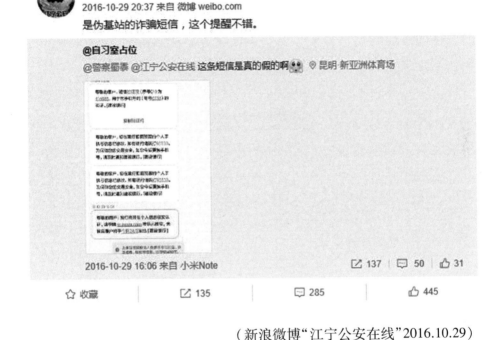

③私信互动

私信,是微博用户私下交流的工具,不会在微博上公开,只有私信的两位用户可以看到内容。私信中可以发送图片和添加附件。下面例子中"共青团中央"发私信给关注它的粉丝,表示赞许并与粉丝亲切互动,既扩大了自身的影响力又增加了政府机关的亲和力。

(2)政务微博中政民话语冲突

政府和微民在微博中通过话语来实现互动,这种政民话语互动中也存在一种特殊的话语——冲突话语。Pomerantz(1987)提出了"可取结构"的概念来解释冲突话语,在交际双发的话语活动中,"可取结

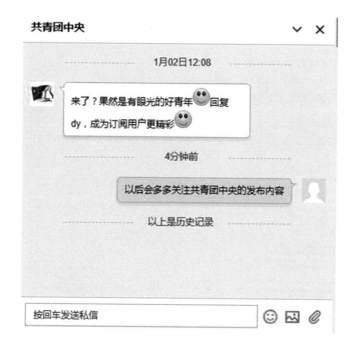

构"体现为接受和同意,"不可取结构"则体现为否定和拒绝。交际中的一方在表达观点之后另一方采取了不可取结构就形成了"冲突话语"。

实例一

【麒麟有轨电车明天上午 10 点正式通车】麒麟有轨电车全长近 9 公里,共设 13 个站点,分别是马群站、百水桥路站、马高路站、北湾营街站、天泉路站、南湾营街站、天兴路站、启迪大街站、麒麟生态公园站、光华路站、水街坊站、智汇路站、石杨路站,有到你家门口的站吗?

（新浪微博"南京发布"2017.10.30）

微民"LYX"评论:希望不是河西翻版啊,那个有轨电车速度之慢,等待时机之长,感觉距离较近的地方还不如共享单车方便,都没人坐。

"南京发布"回复"LYX":绝对不是河西的翻版,这片区人多,麒麟早高峰每一辆公交都是爆满,发车时间间隔短,并不会像地铁四号线东段那样渺无人烟。

微民"Sugar150714"评论:好像没什么用。

"南京发布"回复微民"Sugar150714":南京一直在努力变得越来越好!

微民"LYX"根据"南京发布"的这条政务微博对有轨电车的速度和发车时间提出质疑,怀疑坐麒麟有轨电车的人可能不多。"南京发布"在回复中详细说明了麒麟片区早高峰的情况和麒麟有轨电车发车时间间隔较短,打消了微民的顾虑。第二位微民"Sugar150714"对有轨电车发挥的作用不抱期待,"南京发布"在回复中给予了微民南京会变得越来越好的信心。

微民们对南京市政府官方微博中发布的关于"麒麟有轨电车通车"的信息产生质疑。面对微民们对有轨电车的速度、发车时间、载客人数等发出的质疑声音,"南京发布"有选择地回复,而第三位微民情绪激动、言辞激烈,"南京发布"未予回应。可见,面对微民们不同程度的质疑,政府机构可以选择性回复,但不可以用激烈的言语回应,必须保持语言的得体。

实例二

【上海东站选址确定,申城将实现四大客运站并发】#最新#@上铁资讯说,上海铁路二期建设中,东站选址已经确定,近期将开工建设。上海东站未来将占地达60000平方米,30条铁路线通往沪通、沿江、沪乍杭等

方向,每日发车 120 次。未来,上海东站将和上海站、上海南站、上海虹桥
站一起成为上海四大主要铁路交通运营中心。

（新浪微博"上海发布"2017.4.30）

微民评论:这新闻有毛病啊,说了半天看不到具体地址到底在哪里,
就是用标题博眼球的小伎俩。不齿!

"上海发布"发布了上海东站选址确定的信息,但是并没有说明选址
的具体位置。网友通过评论表达不满,言辞激烈。

实例三

【全国首套房贷款平均利率连续上涨　成都五大行利率上浮 15%】为
了严控房价上涨,首套房房贷利率持续上涨,根据相关部门统计,今年 8
月首套房贷款平均利率环比上升 0.35%,同比上升 11.13%,贷款利率 20
个月内呈攀升态势。成都地区也不例外,以工商、农业、中国、建设、交通
银行为代表的五大行贷款利率均已上浮 15%。

（新浪微博"成都发布"2017.9.10）

微民评论:首套房上涨? 那你这是惠民还是不惠民呢? 前段时间中
央巡视组反馈的"成都市贯彻落实中央重大决策部署持续用力、落细落
实不够,对群众关心的环境、教育、医疗等问题研究解决不够"是怎么整
改的?

"成都发布"发布了关于成都首套房贷款利率上浮的消息,这引来了
微民的不满和政府对惠民政策落实不到位的批评。

(3)政务微博处理政民话语冲突的语用原则和言语策略

话语权补偿机制是政务微博处理话语冲突时应采用的语用原则,它
指权势较大的言说主体因承担较大的社会责任,所以应注意话语的礼貌
和得体,反而权势较小或不具权势的言说主体,因承担较小的社会责任,

仅仅代表自己,所以在话语选择上自由度更大。政府部门在官方微博上受到网民的批评时有发生,即使群众的指责并不合理,政府机构也可以选择冷处理的方式不予回答,却不能发表情绪化的不当言论,这将激化冲突,甚至严重影响政府的形象和公信力。

面对微博中的话语冲突,我们把政府机构应采取的言语策略概括为:允许—选择—忽略—确保。"允许"就是政府机构应充分允许民众质疑声音的存在,质疑是民众参与政务的表现,合理的质疑和询问能让政府机构更好地为民众服务。"选择"是政府机构针对广大微民提出的众多问题,不能逐条回答,可以有选择性地回答那些有代表性的问题。"忽略"是政府机构面对个别微民在政务微博中出现不礼貌的激烈话语采取的不回应策略。"确保"是政府机构在政务微博中回复微民的信息要确保真实和准确,供权威信息是化解民政冲突的有效方式。

2.危机管理言语行为

危机管理是指应对危机的有关机制。具体是指政府为避免或者减轻危机所带来的严重损害和威胁,从而有组织、有计划地制定和实施一系列管理措施和因应策略,通常可将危机管理按时间分为两大部分:危机爆发前的预计,预防管理和危机爆发后的应急善后管理。危机爆发前的预计,预防管理适用于战争、恐袭等由暴力对抗带来的社会混乱,以及"火灾"等人为引起的突发事件。危机爆发后的应急善后管理适用于不可抗因素引发如地震、台风、泥石流等自然灾害。① 大多数时候,面对危机事件,政

---

① 薛澜等:《危机管理:转型期中国面临的挑战》,清华大学出版社 2003 年版,第 26 页。

府机构需要将预计预防和应急善后两种危机管理措施结合起来应对解决。

2018年9月16日超强台风登陆深圳,新浪微博"深圳交警"在这一天持续不断播报公路、地铁、铁路、机场等交通情况,提示民众减少出行,在微博中发布16日民众出行受台风影响,一切车辆的违章情况不拍摄,不罚款,并对灾后道路清障情况持续报道。"深圳交警"在面对台风事件进行的危机管理得到了广大微民的一致好评。

政务微博言语行为的有效性与政府机构的公信力成正比。提高政府部门的公信力不仅要确保发布信息的真实有效,更重要的是信息发布快速及时,政务微博信息迟钝滞后会削减政府部门的信誉度和权威性,特别是政务微博中的危机管理言语行为,不能做到第一时间发布,信息的可信度将会下降,甚至影响政务微博危机管理行为的有效性。

第一条微博

9月16日 15:09 来自 微博 weibo.com
【请受停电影响的市民耐心等待,我们会在条件允许情况下全力复电】截至14点,深圳电网10千伏线路累计跳闸236条次、共影响客户12万户,目前已恢复了30条10千伏线路供电,5万客户已复电。蜀黍们将在天气条件允许、符合抢修条件的前提下全力组织开展灾后抢修复电,请受停电影响的市民耐心等候。 ...

第二条微博

9月16日 17:19 来自 秒拍网页版
【3000多供电人员正在紧张有序应对史上最大台风,谣言君就不要出来捣乱了!
👮👮】
网上有谣言说大鹏有变电站爆炸造成大停电,假的。深圳电网没有变电站爆炸,今天受史上最大台风影响的110千伏以上变电站都已恢复正常。也没有发生配网变压器爆炸的事件。

第三条微博

9月16日 20:18 来自 微博 weibo.com

风雨黑夜阻挡不了我们的脚步
灾前防、灾中守、灾后抢。现在进入灾后抢修阶段，抢修争分夺秒、不分昼夜。
也请小伙伴们放心，我们会注意安全的，特别采取措施防控人身安全。
希望通过我们的努力，每一户受影响的用户都能尽快恢复用电。

第四条微博

9月16日 23:16 来自 iPhone客户端

【抢修动态】龙岗布吉的供电蜀黍们排除万难，熄火推车，蹚水前进，全力进行
故障抢修，我们也心急，我们也想尽快恢复供电！！受影响的客户请耐心等待，
谢谢您的谅解！#抗击台风山竹##台风来袭 深圳在行动# @南网50Hz @深圳微博
发布厅

第五条微博

9月17日 00:23 来自 秒拍网页版

大鹏供电局的党员突击队冒着风雨抢修中，不只他们，全市所有受影响的线路我
们都在尽全力抢修，希望能够尽快恢复供电 #抗击台风山竹##台风来袭 深圳在行

第六条微博

9月17日 15:55 来自 专业版微博

【复电信息】经我司全力抢修，截至2018年9月17日15时50分，受停电影响的大
鹏新区大鹏街道水贝村、花树尾村、龙岭村、王母村工业区；松岗创业二路、芭
田厂；龙岗区爱联新西村、蒲排村、围肚新村、新屯牛仔围、宁佳花园；横岗大
康安兴路、莘塘村沙荷路；宝安区石岩街道料坑浪心农场、任达荔园山庄；松岗
...展开全文 ∨

深圳微博发布厅对于 2018 年 9 月 16 日受台风影响发生的局部停电事件进行了及时回应,实施了公共危机管理。第一条微博对停电情况进行说明。第二条微博对停电产生的各种谣言予以否认。第三、四、五条微博在不同时间段,持续发布,让群众放心,正在全力抢修,深夜未停,请大家耐心等待。第六条微博为复电信息,对复电时间、复电区域进行说明。

此次政务微博危机管理言语行为是"深圳微博发布厅"对深圳市区受台风影响而发生的大面积停电事故进行的公共安全危机管理言语行为。遭遇突发公共安全危机,公众最需要的是权威信息以及科学有效的行为指导。台风为自然灾害,不可避免,因台风造成的大面积停电,易给人们造成生活不便甚至恐慌,人们需要及时了解何时恢复供电,如何安全度过停电期等。政府机构在政务微博中采取的危机管理言语行为和台风造成大面积停电这个危机事件的不同阶段相对照进行如下说明:

这次"深圳微博发布厅"的危机管理一共发布了六个语篇,分别照应危机突发阶段、危机持续阶段、危机消除阶段。

微博　　　　　功能　←　危机过程

语篇 1　　　信息发布　　　危机突发阶段

语篇 2　　　遏制谣言　　　┐

语篇 3　　　情绪安抚　　　│

语篇 4　　　进度公布　　　├　危机持续阶段

语篇 5　　　进度公布　　　┘

语篇 6　　　信息发布　←　危机消除阶段

由多个语篇构成的政务微博危机管理言语行为其本质是一次政务微博实施的社会动员言语行为,通过信息的传递实现听话者在危机期的有序过渡。其作用一是稳定听话者情绪,维持社会继续运转。二是号召听话者按照要求进行自我防范和危机处置行动。信息发布起了关键的作用,避免由公共安全危机发展成为社会危机、政府危机。

政务微博危机管理言语行为要使政务微博从危机发生期就开始成为提供权威信息的说话者,让广大微民应对危机的行动有切实依据。在危机持续阶段,提醒和建议微民采取相应的安全预防和处置措施。在危机消除阶段,继续满足听话者对于突发事件的知情权,将事后的处理情况进行说明。相对于传统的新闻发布会式的政府危机管理言语行为,政务微博在言语的实效性、情绪安抚力度和谣言打击力度上具有突出优势。

从上面的实例中我们发现,政府在处理危机事件中从电视或报纸等传统媒体的回应式发布向网络媒介的主动式发布转变。不管政府依靠哪种媒介都意识到了第一时间发布信息的重要性,政务微博应对危机事件应采取主动告知的领先型发布策略。在危机管理中政府机构第一时间把握主动权发布信息,不仅展现了工作高效、反应迅速的形象,而且能有效遏制危机事件引发的网络谣言,政府的威信也会由此确立。

3.形象修复言语行为

政务微博越来越多地用道歉言语行为来修复形象。道歉言语行为的作用非常重要,交际中的道歉者态度恳切、内容充分的道歉言语不仅可以给听话人极大的心理安慰,还可以带给听话人一定的精神补偿。

我们认为与道歉言语行为有效性相关的因素包括:伤害程度、真诚度、关系、道歉行为的充分性和得体性。(1)伤害程度和道歉言语行为有效性呈负相关。说话人对听话人造成的伤害越大,道歉行为的有效性越小。道歉行为对程度较小的伤害可以起到补偿作用,道歉行为对程度较大的伤害起不到很大作用,可以说,伤害程度越大,道歉行为的有效性越小。(2)说话人的真诚度和道歉言语行为有效性呈正相关。当说话人的道歉行为不够真诚时,道歉行为的有效性极低,缺乏诚意的道歉行为会适得其反,给人讽刺和戏谑的反效果。(3)说话人的身份可以是当事人也可以是跟造成损害事件当事人有关的团体或个人,说话人和当事人的关系越远,道歉行为的有效性越小。(4)道歉行为的充分性、得体性与有效性呈正相关。

实例一　新浪微博"成都发布"对于微民提出的意见道歉

谢谢指正,图据@稗官野记 ,小编粗心了,向大家道歉🙏🙏//@牙尖十怪脾气坏:标明一哈图片出处会更好……

@成都发布 V 🏅🐼
#博闻广记# 【老照片:1980年,成都。】有些故事还没讲完那就算了吧,他们都老了吧,他们在哪里呀……

"成都发布"发布了一组怀念成都的老照片,网友"牙尖十怪脾气坏"提出意见"如果给图片标出出处就更好了"。"成都发布"马上发布微博指出所使用图片的出处是源自网友稗官野记,感谢网友的建议,并对自己发布微博时不够严谨向大家道歉。政务微博中不够严谨的行为并没有给广大微民造成严重的伤害,但政府虚心接受网友的建议,道歉言语行为表达诚恳,态度真切,赢得了微民的广泛好评。

实例二　新浪微博"成都发布"对于微博中发布的内容有误道歉

今日限行是5和0,小编刚才又算错啦,今天状态好差😭,感谢大家指正,向童鞋们道歉,希望多多提醒我👻

@成都发布 V 📮 🏆
【昨夜卧听雨霖铃 今天或现晴方好】#早安成都#一场秋雨一场凉,昨夜西风凋碧树。不过雨下透了,也会让心情清爽起来,迎接美好的阳光。@成都气象 预计:今天白天雨水停歇,云层将逐渐散开,太阳 或会及时回归,最高气温可达26℃。【今日限行尾号09】

"成都发布"在便民信息中提醒大家天气和温度并告知今日限行尾号为0和9,微博发布后,小编马上察觉不对,立即发微博更正,"限行尾号为5和0",主动承担责任,指出原因在于自己,并真诚道歉。政务微博中的道歉言语行为取得了大家的谅解。

实例三　新浪微博"江宁公安在线"对于微博中发布的内容有误道歉

事件背景:

2016年8月1号"江宁公安在线"在鼓励微民全方面发展自己能力的同时引用名人跨界事件加以证明,"江宁公安在线"发布的名人跨界事件为"历史上最逆天的跨界运动员应该是曾经的丹麦AB足球队的一位门将,他后来得了诺贝尔物理学奖,他的名字叫玻尔,嗯,没错,就是学物理的都知道的那个玻尔……"这是一条发布在00:18分的睡前微博,微博中不仅弄错了跨界事件并且连诺贝尔物理奖得主的名字都翻译错了。在早晨9:24分"江宁公安在线"发布致歉微博

更正错误,如下:

> 大家早安。今天要先给大家致歉。昨天警察蜀黍把那个跨界的事情搞错了,1952年获得赫尔辛基奥运会帆船比赛冠军的并不是1945年的诺贝尔奖得主恩斯特·伯利斯·柴恩(Ernst Boris Chain),而是美国科学巨匠布里顿·钱斯(Britton Chance)。很多媒体报道有误😓。。。鞠躬道歉。。。💀

政务微博中发布的国际名人跨界事件有误,并写错了诺贝尔奖得主的名字,实属不该,对重大事件的错误报道容易引起政府的信任危机。"江宁公安在线"在没有核实内容的真实性的情况下,转发了其他媒体的错误报道,首先,"江宁公安在线"态度诚恳,承认"把跨界事情搞错了",其次还原事实真相"1952年获得赫尔辛基奥运会帆船比赛冠军的不是1945年诺贝尔奖得主恩斯特·伯利斯·柴恩,而是美国科学巨匠布里顿·钱斯",因为及时道歉并对信息进行更正,政府机构才有机会再次获得公众的认同。虽然这次发布的错误信息没有造成不良后果,但采取回避和躲闪的态度不可取,政务微博中用诚恳的道歉言语行为与微民沟通,反而会赢得民众的谅解和呼声。

本 章 小 结

本章对政务微博的文本模态进行分析。我们从政务微博文本中的用词特点和修辞手段、政务微博文本的语篇特征以及政务微博文本的言语行为三个方面对文本模态进行考察。

政务微博文本中的用词特点体现在谐音词、缩略词、外来词、旧词新用、新造词和词语的超常搭配几个方面，并且微博文本中大量使用比喻、拟人、借代、排比、夸张等修辞手法。政务微博中新颖独特、彰显个性的用词特点和修辞手法使得政务语言更具亲和力，吸引更多受众的同时促使更多微民发挥舆论监督的作用。

政务微博文本的语篇特征表现在话题、主位推进模式和信息结构三个方面。政务微博文本的话题一般居于句首，发布者采取开门见山的发布方式，微博中每个句子围绕话题内容展开，每个分句统领于统一话题之下，整个语篇呈现出话题的一致性。对主位推进模式的考察可以帮助我们了解政务微博本文语篇的格局和组织模式。在具体的政务微博语篇中，平行、集中、延续、交叉等几种主位推进模式常交织在一起，共同发挥作用。我们以主位结构为着眼点来了解政务微博文本语篇的信息结构，通过统计分析，政务微博文本中以单项主位和无标记主位占绝对优势，为了突出焦点信息，微博话题中常见标记性主位。对信息结构的考察可以抓住政务微博本文语篇中的信息内容，提高对语篇的构建和理解。

政务微博中技术性与非技术性的话语内容、平等与权势的话语态度、严肃与亲和的话语方式共同建构着政务微博文本的语境。在这样的语境下，我们把政务微博言语行为分为一般性意图言语行为和政府职能性意图言语行为两类。对一般性意图言语行为从陈述、指令、承诺、表达和宣告五类进行分析。政府职能性意图言语行为分为日常维护、危机管理和形象修复三类。政务微博中民政之间的话语冲突可以运用话语权补偿机制来进行维护,危机管理言语行为适用领先型发布策略,最后,政府在使用道歉言语行为进行形象修复时,需要充分考虑影响道歉言语行为有效性的多重因素。

第四章 政务微博的图像模态分析

图像是人类视觉的基础,是人类社会活动中常见的交际载体,也是人类认识世界和人类本身的重要源泉。图像包含了被描述对象的有关信息,所以是人们主要的信息源。人们在交际活动中,往往重视语言文字的表达,忽视了图像是重要的意义表达潜势。根据《2016 年度政务微博综合影响力报告》,全国除港澳台以外的省级及以下地方政府有 80% 以上开通了政务微博,其中仅以文字模态出现的微博语篇不到语篇总数的20%,也就是说绝大部分政务微博语篇中包含图像模态,微博文本具有不能超过 140 字符的特点,在表达上受到一定限制,图像能更有效地左右人们对微博语篇内容的理解。

第一节 政务微博静态图像分析

一、政务微博静态图像分类

政务微博中的静态图像可以从内容和形式两方面进行分类,内容方面就是根据图像所显示的客观事物的不同进行分类,从内容角度得出的高频图像,一定程度上反映着政务微博的话题和内容;从形式角度看图像,政务微博中不仅有单图,还有多图,各种图像组合方式也不相同,形式方面的分类就是从组合方式对其进行分类研究。

（一）根据图像内容进行分类

通过对语料库中 1200 条政务微博语篇进行考察,去掉 219 篇不包含图像的纯文本微博,得到 991 篇多模态政务微博,其中静态多模态语篇 617 篇,动态多模态语篇 374 篇。我们从静态多模态语篇的静态图像中,总结出 47 种不同的图像因素,由此,归纳出 10 类最常出现的内容为:事件、景色、政务详情、人物、知识、食物、交通道路、漫画、动物、图书。这些不同内容的图像在政务微博的使用频次可以用下图来表示:

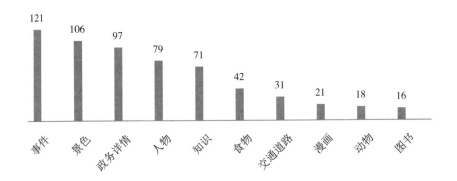

人物类图像中包括英雄人物、各行业工作者、文化名人等;景色类图像以自然风光、城市建设、名胜古迹为主;事件类图像常为英雄事迹、好人好事、公益活动;知识类图像以宣传保健和养生知识为主;食物类图像中

均为传统美食、地方小吃;交通路线多为地铁路线图、公交路线图、早晚堵车高峰路线提示图等;这些常出现的图像内容为我们展示了政务微博的主题:健康、环保、发展、政策措施、养老、教育、旅游、饮食、历史等,涉及人们衣食住行的方方面面,是与人们生活息息相关和最为关心的内容。下面我们对其中的几类图像的具体内容进行说明。

　　人物类图像是出现频次较高的图像,表明了政务微博一切以人民为中心、服务于人民的宗旨。在人物类图像中以警察、交警、医生、环卫工人、政府官员、军人、历史英雄最为常见。经统计,这些形象在人物类图像中所占比重如下图所示:

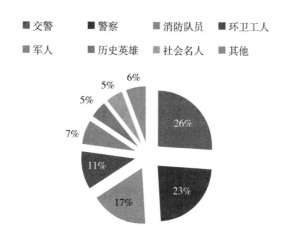

　　交警和警察图像占了人物图像的一半,这与我们选择语料库时12个政务微博中6个是公安与交警职能微博有关,它们分别为:公安部打四黑除四害、平安北京、江宁公安在线、深圳交警、天津交警、深圳公安。正因如此,体现了职能性政务微博主题内容与微博职能的一致性。交警、警察与军人图像(如图1、图2)凸显了政务微博中的国家形象;环卫工人(如

图 4)是吃苦耐劳、低收入者的代表,用图片直观表现他们的勤劳和艰辛,
体现了政务微博对普通劳动人民的关注和关心;历史英雄图像(如图 3)
让我们铭记历史;社会名人图像旨在通过政务微博传播最新体育、文化、
教育等多方面资讯。

　　1　　　　　　　2　　　　　　　3　　　　　　　4

　　景色图像包括自然、城市建设和名胜古迹三类。自然图像涉及树、
花、草、海、山川、湖泊、云海等各种令人向往的美好图景(如图 5)。自然
图像常出现在清晨发布的第一条政务微博中,或是早安问语或是天气预
报,总之通过美景给受众带来一天的好心情。城市建设图像里不仅有代
表城市快速发展高楼大厦(如图 6)、解决交通问题的各式立交桥(如图
7),还有各种城市工程进度照片,这些图像一定程度上反映着城市的发
展和变化。政务微博中名胜古迹类图像(如图 8)多为政务微博本地景
点,旨在给广大受众提供旅行建议、扩大本地景点知名度、吸引更多旅行
者、带动当地旅游经济发展。

　　5　　　　　　　6　　　　　　　7　　　　　　　8

　　食物类图像和动物类图像在静态图像中占有一定比率,两类内容图
像或以单图或以组图形式出现,从具体内容方面来说,食物类图像包含:

饺子、元宵、月饼、粽子等节日传统美食、豆汁、烤鸭、辣子鸡等地方特色小吃、甜品、汤类等新式菜做法介绍。政务微博中食物类图像充分体现了"民以食为天"的传统观念。

动物类图像出现在政务微博中的具体动物有:狗、猫、猪、鸡等常见家禽及宠物,但频率最高的还是熊猫,动物类图像共出现 18 次,熊猫就占了12 次。熊猫因为其珍稀性和萌萌的外表,受到民众的喜爱,常常作为中国国家形象的代表和象征。这也成为熊猫在政务微博动物类图像中频繁出现的重要原因。

（二）根据图像形式进行分类

9　　　　　　　　10　　　　　　　　11

12

根据图像形式我们可以把图像分为单图和多图两类,其中单图又分为普通单图和长图(如图9、图10);多图分为九宫格图和其他,其中以九宫格图最为常见(如图 11),多图中包括两图、三图、四图等系列多图(如图 12)。经统计,在 617 个静态多模态语篇中,不同图像形式的使用频次统计如下:

图像形式	单图		多图	
	普通单图	长单图	九宫格图	其他
频次	53 次	82 次	339 次	143 次

可见,多图使用频率高于单图,多图中的九宫格图因成图后整体规整漂亮、信息传递量大而多被使用,使用频次最高达 339 次。双图、三图等其他类型多图为政务微博发布信息提供事件系列图像,因具有直观性、事件性和系列性常被发布者使用,出现频次为 143 次,位居第二。长单图的优点在普通单图基础上增加了篇幅长度,可承载更多信息,但缺点也显而易见,在政务微博中只能显示部分内容,需要受众通过鼠标点击才能显示长图,所以使用频次虽高于普通单图,但总体频次排在第三。普通单图排在最后,共出现 53 次。我们将静态图像中的各种形式图使用频率百分比统计如下:

从上图我们可以得出如下结论:政务微博静态图像中超过一半的图像为九宫格图,单图仅占图像总数的 1/5。图像形式的复杂程度与使用频率呈正相关,也就是说图像形式越复杂,信息传递越多,使用频率越高,相反,图像越简单,使用频率越低。这让我们在后面的研究中更加关注多图之间的系列关系和多图传达的意义潜势。

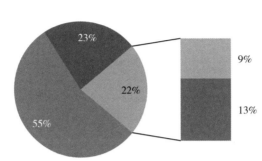

二、政务微博静态图像中的视觉语法

（一）视觉语法概述

韩礼德提出了语言的语法规则是"制造意义的资源"，人们交际中的符号系统不仅包括语言符号，还包括多种非语言符号。视觉语法继承和发展了韩礼德提出的元功能思想，并把这一理论延伸到视觉模态，视觉语法认为图像和语言一样，是表达意义潜势，是人们识解意义的资源，图像建构的不仅是物质实现的表征，而且是社会现实的人际交互关系。Kress和van Leeuwen建立了视觉语法理论框架，对应功能语言学的三大元功能，视觉语法提出图像的三种功能：再现意义、互动意义和构图意义（Kress，van Leeuwen 1996：149–187）。

图像的再现意义指的是图像能够真实客观地复制现实世界，再现意义体现符号之间的交际关系，根据图像中有无矢量把再现意义分为叙事再现和概念再现，叙事再现指动作和时间的发展变化以及空间的变化，它包括行动、言语、反应和心理过程。概念再现表达图像的范畴和意义,它包括关系过程和存在过程。互动意义反映图像制作者、图像表征事物和观看者之间的特殊关系,并通过接触、距离和拍摄角度三个方面的交互作用来构建互动意义。信息值、显著性和取景是影响构图意义的主要因素。Kress 和 van Leeuwen 阐述了构图意义的信息分布,图像上位传递理想信息,图像下位传递现实信息,图像从左到右是已知信息到新信息的分布,从图像中间到图像边缘是信息重要性逐渐递减的体现。显著性指图像表现的事物是否引起读者的注意,显著性通过背景位置、虚实、对比度等方式表现。取景是图像中或实或虚的构图分割线。

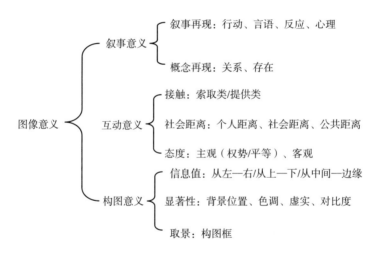

视觉语法系统(基于 Kress,van Leeuwen 1996:149)

人们在认识图像的过程中,一般遵循先获取后解码的过程,即先获取画面轮廓后解码其意义,以图像再现意义的认知为基础,获得情感和心理体验,根据图像中各个表现者的构图位置了解其图像总的信息值及艺术效果。人们对图像意义的解读是一个认知过程不断深入的过程。认知活动越深入,产生的互动意义就越丰富。

（二）视觉语法对图像阐释的基本原理

　　视觉语法为分析政务微博多模态语篇中的图像提供了理论框架,我们以一个政务微博中的单图来进一步说明视觉语法对图像阐释的基本原理。

　　下面是共青团中央 2016 年 12 月 27 日发布的一条政务微博,我们用视觉语法理论对微博中的图像从再现意义、互动意义和构图意义三个方面进行分析。

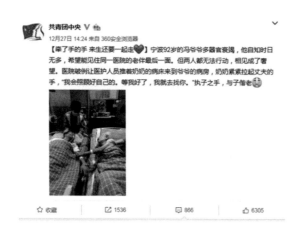

1.再现意义

　　再现意义是在视觉上建构图片中的事件、参与者及环境,一般分为叙事再现和概念再现,叙事再现通过动态实现,再现图像参与者相互做某事,概念再现通过静态实现,描述参与者的属性、意义、特征等(胡圣炜 2008:22)。矢量是区分二者的唯一标准,图像中的元素构成强烈的对角线形成矢量,这是叙事再现的典型特征。图像中奶奶握着爷爷的手正在说话。图像中有四个矢量,第一个矢量由奶奶握着爷爷的手构成,它是及物表示动作过程的叙事图像,动作的发出者是奶奶,目标人物是爷爷。第二个矢量由爷爷和奶奶之间的目光构成,它是及物表示心理过程的叙事图像,爷爷是再现参与者,奶奶是被感知的对象。第三个矢量是由奶奶对爷爷之间的说话构成,它是表示言语过程的叙事图像,说话人是奶奶,受话人是爷爷。第四个矢量是由站在床头的人员对爷爷奶奶的目光构成。以上四个矢量都与爷爷奶奶相关,并从爷爷奶奶在构图中的大小、位置、显著度看出,爷爷奶奶是该图像中的核心对象,是最突显的再现参与者。

2. 互动意义

图像的互动意义中包含再现参与者与互动参与者两类,新闻报道中前者为图片中的人物,后者为报道者和读者,相应地,互动关系可体现为:图片中对象之间的关系,报道者对报道对象的态度和报道目的,读者对报道对象的态度和图片在读者中产生的影响。Kress 和 van Leeuwen 指出:互动关系的实现要素为接触、社会距离、态度和情态。

接触是图像中再现参与者视线直视互动参与者,与互动参与者形成想象中的接触,这类图像被称为"索取"类图像,它表达某种明确的态度。图像中再现参与者视线与互动参与者无接触时,这就是"给予"类图像,给予报道信息,反映主观性程度(Kress, van Leeuwen 2006:47)。通过分析,语料图片中人物与读者没有目光接触,此图片为提供类图像,提供的信息是:病床上奶奶握着爷爷的手正在说话。

社会距离指取景框架大小,体现出图像中再现参与者与互动参与者的距离和关系,如果图片中出现特写镜头就拉近了两种参与者的距离,也称为人际距离,表达亲近感。如果图片中能看到人物整体及周围环境,这就体现社会距离。如果使用长镜头拍摄,图片人物距读者较远,场景很大,即为公众距离,表达陌生感。根据距离分析,在语料图片中仅能看到人物周围部分环境和场景,人物占整个框架的三分之二,是亲密的人际距离,这增强了图像中爷爷奶奶与读者的关系,让读者产生身临其境的感觉,对人物和事件印象深刻。

态度指观看图片时采用的视角,这种视角体现再现参与者与互动参与者的关系,图片一般采用水平视角和垂直视角拍摄,平视表达参与权与平等权,仰视意味着表述权,俯视表达强势地位。语料中的图片采用水平拍摄视角,表达图片中人物与读者的平等关系,即:爷爷奶奶跟我们一样是普通人,事件就发生在我们身边,同时又让互动参与者感同身受,联系自身,引起强烈共鸣。

最后由图片色彩饱和度、深度、亮度、细节等方面构成的情态是语篇可信度与真实性的重要参照因素,语料中的图片为了还原再现"医院中病重的爷爷奶奶牵手,约定来生还要一起走"的情景,摄影师采用了中饱和度的自然色彩,细节体现为:老人的白发、年老松弛的肌肤、正在说话的嘴型等,图片具有较高的真实度,符合新闻语篇的交际目的。

3. 构图意义

图片的构图意义相当于功能语法的语篇意义。视觉语法认为:图像中从左到右是旧信息到新信息的传递过程,图像从上到下是理想信息到现实信息的安排,图像中间部分为重要信息,从中间到边缘图像内容的重要性随之递减。从构图的信息值看,爷爷奶奶牵手位于图像下位,是图像传递的现实信息,病重的爷爷位于图像左侧是已知信息,奶奶在图片右侧是新信息,从中间向边缘表示信息重要度递减,病床上的爷爷奶奶是图片中的重要信息。从构图的显著性看,爷爷奶奶被放置在镜头的中间,成为"前景",其他人员和奶奶肩膀上的手都成为"背景"。

三、政务微博静态图像分析

政务微博静态图像纷繁,种类众多,不能对其进行一一分析,我们选择静态图像中频率前三位的事件图像、景色图像、政务详情图像进行分析。这三类内容的图像使用频率较高,具有代表性。但在具体分析中,我们发现 Kress 和 van Leeuwen 的视觉语法理论框架并不是适用所有图像的万能准则,视觉语法理论适合分析单图,但政务微博中的事件图像大部分是由多图组成的复杂叙事图像,政务详情图像一般是由文字和图像结合的图文图像,对于多图中各图像之间的联系、图文图像中文字与图像的位置关系等视觉语法中并未涉及。在分析中,我们以 Kress 和 van Leeuwen 的视觉语法理论框架为基础,并引入其他理论进行补充,以期全面、准确地分析高频图像。

(一) 事件图像

事件图像的特点是为了体现事件的过程和完整性,政务微博中大部分的事件图像是由多图组成的。除了可以用视觉语法对事件图像中的单图进行分析外,我们还要特别关注各单图之间的事件关系,这些单图不是毫不相关的,它们一起构成了完整的事件。Kress 和 van Leeuwen(1996)提出的视觉语法理论关注单个图像,忽略了多图之间的关系,Painter

（2013）提出了视觉叙事中事件关系框架,并对不同图像的背景变化关系
进行阐述,我们在此基础上提出多图关系框架,并探讨政务微博事件图像
中多图之间的关系。

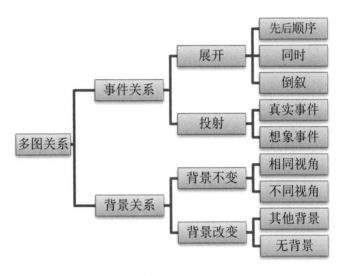

多图关系框架

判断多图之间的关系要从单图之间的事件关系和各单图的背景关系
入手。事件关系关注的是各单图中事件之间的联系。事件之间的关系包
含展开与投射,展开指两个单图是先后顺序、同时发生或是倒叙。先后顺
序是最常见的关系,同时发生指以多个人物为主体的过程同时进行,倒叙
为先表结果,后表原因的事件关系。事件关系的投射分为真实事件投射
和想象事件投射,真实事件投射主要表现为人物所见,是行为过程的视觉
投射;想象事件投射主要表现为人物所想,是思维过程的想象投射。背景
关系考察单图之间背景的变化情况,背景关系分为不变和背景改变两种,
作者可以采用相同的视角或者仰视、俯视等不同视角拍摄图片。

我们从政务微博中选择两个多图的事件图像,运用上述多图关系框

架对其进行考察。

这是北京发布官方微博 2016 年 10 月 26 日发布的一组事件图像,因为我们在本节只分析图像,所以对微博中文字部分不进行考察。事件图像由三个单图组成,图像 1 马路上一位大爷背着红衣服的大妈,图像 2 大爷背着大妈来到了马路对面,图像 3 大爷放下了大妈,并搀扶着大妈。可见 3 个单图呈时间上的先后顺序展开,图 2、图 3 跟图 1 相比背景不同,可见随着事件发展,背景发生了变化,虽然还是在马路上,但背景已经从马路这边换到了马路对面。图 3 是对图 2 背景的延续,所以背景相同。可见从图 1 到图 2 是事件发生的过程,图 3 为事件结果。三个单图之间的事件关系是:三个图像情境存在阶段性变化和延续,按时间先后顺序展开的事件关系。

这是公安部打四黑除四害官方微博 2016 年 2 月 22 日转发重庆市公安局渝中区分局官方微博的一条微博。事件图像由两个单图组成,左图一个小伙子一边说话一边端着一碗东西递给警察叔叔,警察叔叔笑着接受,小伙子旁边站着一位中年女人,微笑着看着这一幕。右图是从一张旧

好暖 👍

@平安渝中 ✔

【一碗汤圆盛满17年前感恩】"童叔叔，我是你17年前在解放碑捡到的小孩，去年考上飞行员，特意来感谢你！"妈妈说，若不是童悦或许天各一方，约定一定感恩，转眼就是17年，几经周折在元宵佳节带着锦旗，汤圆，满载感恩情！同时提醒各位家长，一定要看好自己的孩子，成长路漫漫，平安才是福！❤❤

2016-2-22 15:24 来自 搜狗高速浏览器　　　↗ 2037 ｜ ▢ 113 ｜ 👍 173

报纸上拍摄的图像，图像是图文结合的形式，分为上、下两图，上面是一位年轻的警察叔叔抱着一个孩子，下面是妈妈找到孩子对警察表示感谢。左图和右图两个图像中的色度和色调完全不同，左图颜色丰富，饱和度高，这表示左图是现在发生的事情，图像自然度高，给人熟悉亲近的感觉，图像拉近了与读者的情感距离。右图颜色单一，饱和度低，灰暗色彩营造出回忆的往事的氛围。可见，两个图像并不是按照时间先后顺序而展开的事件，而是按照从现在到回忆过去的倒叙展开。两个图像的背景没有延续性，背景的变化反映出两个图像中发生事件的时间跨度很大，但两个图像仍然是表示一个事件的系列图，两个图像中存在着相同的人物证明了这一点。左图中的警察就是右图中的警察，左图中的小伙子是右图中的小男孩，左图中的中年女人是右图中孩子的妈妈。我们得出结论：这个事件图像由两个单图组成，两个单图表示的事件有较大的时间跨度，两个单图表现不同的背景下，相同人物之间发生的，以倒叙展开的事件关系。

（二）景色图像

我们在众多景色图像中选择了 2016 年 9 月 1 日共青团中央发布的"大国气质 G20"杭州美景图。

共青团中央 V 🔹
2016-9-1 16:56 来自 华为麦芒3
上有天堂，下有苏杭，看杭州美景，听中国声音。盛会当前，团团专门设计了一组#大国气质G20#版的手机壁纸，送给大家，祝福中国🖤（@山西共青团）

这条政务微博中的图像形式上是多图中的九宫格图，9 个图像中均有文字，图文结合，互相搭配，组成了一个大图，构成整体与部分的关系。大图的四个角分别是以"杭州之春""杭州之夏""杭州之秋"和"杭州之冬"命名的"春夏秋冬"四景图，结合着上、下、左、右四个蕴含中国传统、杭州特色的图像，八个图像共同突出着中心图像的主题"2016 中国杭州G20"。图像里的所有元素相互促进，共同建构一幅凸显区域自然与人文景观、传统文化与当代元素融为一体的整体图像。

　　图像中的再现意义表现图像中的事件、参与者以及环境的本质,再现意义又可以分为叙事再现与概念再现。矢量是区分叙事再现和概念再现的标准,叙事再现通过动态来体现,概念再现通过静止来体现。(胡圣炜2008:22)"大国气质 G20"杭州美景图中各个图像中都没有明显动态过程,从 1 到 9 图展现城市特色、自然风光、传统美食、古典文化、囊括了能代表杭州的各个景点,表征参与者各具特色,共同建构一幅自然风光秀美、人文气息浓厚的杭州概念性图像。图像设计者为了达到良好的互动效果,在"春、夏、秋、冬"四季图像中将近景和远景进行搭配,使"大国气质 G20"杭州美景图变成了立体感强的优美画作,互动参与者可由远及近或由近及远进行欣赏,近景图给互动参与者视觉上的冲击,远景图让互动参与者产生身临其境的感觉,近景与远景的搭配使杭州美景图达到良好的宣传效果。

　　从互动意义来看,"大国气质 G20"图像属于"给予"类图像,图像内容丰富,色彩绚丽,能够引起互动参与者的注意,让人产生对中国杭州的向往。距离方面,Kress 将距离划分为:个人距离、社会距离、公共距离,个人距离是表征参与者和互动参与者间建立的亲密关系;社会距离是二者之间适度的关系;公共距离是与互动参与者保持较远距离。"春、夏、秋、冬"的四个图像中都是个人距离和社会距离的结合,达到了景观错落有致的效果。"春"中的树枝、"夏"中的荷花、"秋"中的民居、"冬"中的座椅,都体现了个人距离。这些个人距离让互动参与者产生身临其境的感觉,给人留下深刻的印象。"春""夏"中的远山、"秋"中的树林、"冬"中的亭子采用远景镜头的社会距离,发挥了两个作用:一是视野开阔的景观全貌,淋漓尽致地表现杭州自然景色的独特魅力;二是增添了一份浓厚的神秘色彩,吸引世界各地的人们前往杭州,了解杭州。视角方面,图像中大部分图像采用水平拍摄视角,突出图像内容的真实性与互动性,表明互动参与者与表征参与者属于同一个世界,G20 在杭州举办没有错,期待更多的互动参与者前往杭州旅行。图像中的"秋"和"世界聆听中国声音"的背景图采用远景俯视的拍摄视角,给人从上向下的视觉冲击,图像传递出对世界各国人民的尊重,秉承中国传统文化中的待客礼节。

从构图意义来看,整个大图像的中心部分为关键信息,其他部分协同共同传递出:杭州是一个景色优美、文化内涵深厚的现代化都市,吃、穿、住、行各方面无不体现中华文化特色,正因 G20 的举办成为世界聚焦的中心,图像达到预期的宣传效果。显著性方面,"春、夏、秋、冬"四季景观图中景观处于前景位置,文字处于背景位置,衬托杭州四季的特色与美丽。但"上、下、左、右"四个图像中却是景观处于背景,文字处于前景,凸显杭州是具中国味道、体现民族气节的城市,也是备受世界瞩目的、代表中国声音的城市。这一切的安排都源于中心图上文字的揭示"G20 中国杭州"。框架方面,不仅有美景、美食,还有现代化都市和传统物件,图像色彩鲜艳,在蓝天、白云、绿水、白雪的衬托下构成一幅和谐壮观的景象,给互动参与者视觉上的极大享受。

(三) 政务详情图像

政务详情图像一般为图文结合图像和纯文字图像,我们选择频率较高的图文结合政务详情图进行分析。Kress 和 van Leeuwen(1996)提出的视觉语法中,构图意义的信息值在图像中的体现为从左到右是已知信息到新信息的转变。然而信息值框架过于笼统,难以揭示图文结合图像中的图文布局关系,所以在分析图像结合图像时我们结合 Martinec 和 Salway (2005)的图文关系框架,归纳整理出视觉叙事语篇中图像与文字的布局关系。将信息值框架扩展为图文版面布局框架,在这一框架下分析政务详情图中图文关系特征。

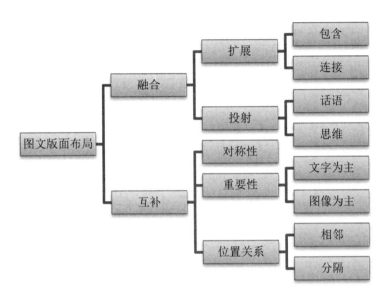

图文版面布局框架

在图文版面布局中可以分为融合与互补两种关系。融合是语言成为图像的一部分;而互补则是语言与图像互相补充,二者各占空间。在融合关系中,图文之间又可以细分为扩展与投射两种语义关系。话语投射是漫画中最常见的图文关系,主要通过对话语泡(speech bubble)实现。扩展是指图像与文字具有各自的意义,两者互为阐释、互为补充,或相互增强。扩展关系中的包含指文字覆盖在图像上面,如上文"G20 杭州美景图"中,上、下、左、右四幅"中国杭州、民族气概、中国美食、世界聆听"图像中的图文版面就是包含关系。连接主要通过矢量实现,矢量表示动作的方向。

如果图文各占一部分空间,我们可从对称性、重要性与位置特征三个角度考察图文之间的互补关系。对称是指图像与文字平均分布在中轴线的两侧,呈上下式和左右式。重要性是指某一页面以图像为主还是以文字为主,很多时候,图像与文字哪个重要,需要仔细考量。位置关系通过相邻和分隔来体现,相邻是文字与图像通过紧密相连建立语义关系,分隔指图像与文字之间有边框或其他内容,两者无意义关联。

第二节 政务微博表情图像分析

最早的网络表情符号是在 1928 年由美国大学的法尔曼教授所创的字符演变而来。法尔曼教授在学校的电子公告板上用":-)"表示笑,用字符":-("表示生气和严肃,这样用字符组成的面部表情激发了人们的想象力,此后各种各种的表情符号被创造出来。网络的表情符号经历了字符表情、系统表情符号、自定义动画表情的发展过程。

第一代是字符表情,这是利用计算机字符码表中特定字符的显示外观,编排其组合次序,从而形成的描绘人物表情动作的图案。它的特点是仅用电脑键盘上的符号和标点,就能模拟人的面部表情或身体姿态,从而起到表达心情、传递情绪的作用。法尔曼教授创造的":-)"和":-("就是第一代字符表情的始祖,但法尔曼教授创造的字符表情要将其转动九十度才看得明白,所以当字符表情传开后,发明了更适合人们观看的横式字符表情。比如"(^o^)"表示开心,也有在笑脸旁边加上别的符号作为修饰物,表现更为丰富的表情如"(-_-|||)"表示尴尬,"(>__<)"表示痛苦……字符表情是在符号象形元素创制的基础之上发展起来的新型语言

符号,随着大家的广泛使用,其表达方式多样、种类不断丰富,被人们沿用至今。

第二代是以腾讯 QQ"小黄脸"兴起为标志的系统表情符号。这种表情符号的特点是以人的面部表情为原型,集面部与身体的特征于一体的黄色图形表情符号,这种表情符号更形象直观地模拟人们的喜怒哀乐、肢体动作,如:鼓掌" "、强" "、胜利" "、抱拳" "。跟第一代表情相比,第二代表情符号更注重细节的展现,仅仅是笑的表情,就有多种,龇牙笑" "、微笑" "、偷笑" "、坏笑" "等,这让表情在具有符号感和辨识度的基础上,以形象的形式表达最细微的情绪。

第三代是以静态图片和动态图片为主的自定义表情及动画表情。当"小黄脸"表情符号不能满足当代年轻人的多元使用后,自定义表情和GIF 动画表情迅速发展成为第三代表情符号。自定义表情中的静态图片分为纯图型和图文结合型,除了各种卡通动漫表情外,人们运用相关技术实现了表情动态化,动画表情符合用户的视觉体验,语义丰富、趣味更强,成为当代社交媒体用户的"新宠"。

表情符号成为网络交际中的重要成员,它顺应了网络信息碎片化时代的视觉传播要求,弥补了非语言符号在内容深度上的空缺。表情符号在当代网络社交中发挥着重要作用。

一、政务微博表情符号分类

经观察,政务微博中几乎没有出现第一代字符表情符号,政务微博中可供选择并使用的表情有系统表情、自定义表情和 GIF 动画表情。

（一）以"小黄脸"为代表的系统表情

　　系统表情中的中国赞"🤳"、互为粉丝的"🐽"、吃狗粮"🐶"、吃瓜
"🙂"等是在"QQ 小黄脸"表情基础上针对当代网络社交互动性、对应当
代网络新词而创造出来表情符号。因政务微博内容一般以宣扬社会正能
量事件为主,所以系统表情中的赞"👍"、good"👍"、加油"💪"在政务
微博中出现频率较高。

（二）自定义表情

　　自定义表情包括热门自定义表情和自定义动漫表情,其中自定义动
漫表情有米奇系列、复仇者联盟系列、哆啦 A 梦系列和小黄人系列。
　　热门自定义表情
　　政务微博热门自定义表情中特别增加了新浪标识"🌐",对应网络
新词"浪"。文字表情给力"勋"、赞"赞"常出现在好人好事、惠民服务

中,话筒"▇"常出现在政府机关发布的政策宣传、注意事项中,晚安
"▇"常出现在政务微博一天发布信息的最后一条,沙尘暴"▇"、下雨
"▇"常出现在政务微博便民服务中的天气情况中。政务微博的发布者
根据微博主题内容的不同选择适合的表情,热门自定义表情是政务微博
中发布者和微民最常用的表情符号。

自定义动漫表情中的米奇系列数量最少,四个为米奇面部表情、两个
为手势表情。

自定义动漫表情中的复仇者联盟系列

自定义动漫表情中的哆啦 A 梦系列

自定义动漫表情中的小黄人系列

　　这些自定义漫画表情会严重消解政务微博发布内容所具有的权威性和真实性,所以经考察发现,自定义漫画表情中除了哆啦A梦系列中的微笑" "、吃惊" "、汗" "偶尔出现在政务机关发布的内容中以外,其他系列的自定义动漫表情仅在政务微博参与者——广大微民的回复内容中出现。

　　(三) GIF 动画表情

　　政务微博中提供了 50 个选择使用的 GIF 动态表情,并可以进行汉字输入来查找应用中相关的 GIF 表情,不管是真人图像还是卡通形象一般都为图文结合,通过短暂的动图凸显表情的变化过程,但这些动态表情的使用者仅限于政务微博中开通新浪会员的微民,微博注册用户可以通过付费方式成为新浪微博会员,能且仅能在政务微博的评论中使用这些动态表情。可以看出,这些动态表情仅仅是新浪微博通过给会员提供特权进而增加收入的手段之一,系统表情和自定义动漫表情可以满足微博发布文本中对视觉语言的需求,所以作为技术含量更高,娱乐性、个性化更强的动态表情符号暂时没有出现在政务微博发布的内容中。

二、政务微博表情符号的本质与特征

在日常生活中,人们主要通过有声语言进行言语交际活动,同时,人们会用表情、动作、手势等进行辅助交际,我们把这些非语言的辅助交际手段叫"态势语",它在交际中辅助语言发挥传递信息、表达感情等作用,交际中如果仅有语言没有态势语,那么不能全面生动地表达说话者的感情和态度,态势语离开语言也可以发挥独立表达功能,如聋哑人之间使用的手语和面部表情就是态势语离开语言进行交际的例子。

政务微博言语交际是网络交际的一种。在网络交际中,如果没有网络表情符号,那么需要用大段文字序列来说明和表达人们的感情、态度或含义,费时费力且易引起误解。网络表情符号正是适应这种需要而产生的。网络表情符号替代了长段文字,其作用与态势语相同。网络交际可以看作是对现实场景进行模拟的虚拟场景交际,有声语言和态势语言组成了现实言语交际,映射到网络环境中,现实交际中的有声语言对应网络交际中的文字,现实交际中的态势语对应网络交际中的表情符号,网络文字和网络表情符号组成了网络交际。现实场景和虚拟场景下的两种交际间的映射关系可用下图进行表示。

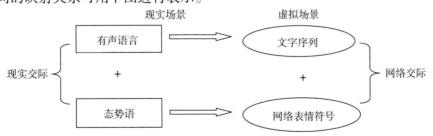

现实交际与网络交际对照模式图

上图可以解读为,网络交际是现实交际的一种映射,语言作为现实交际和网络交际中的主要交际工具,在两种场景中的表现形式不同,在现实场景中,语言表现为有声语言,在虚拟的网络场景中,语言的表现形式是由文字序列组成的无声的书面语。现实交际中,作为非语言表达手段的态势语辅助有声口语进行交际,而在网络交际中则由相对应的网络表情符号发挥辅助交际的作用。由此可知,网络表情符号本质上是一种网络辅助交际手段,政务微博言语交际作为网络交际的一类,政务微博中的表情符号本质上成为辅助政务微博言语交际的手段。

政务微博言语交际是网络交际中的一种,政务微博表情符号同样具有网络表情符号的一般特征。

1. 文化交流的共通性。网络表情符号文化交流的共通性表现为即使语言不通无法进行言语交流的两个人,也可以通过微笑的表情判断出高兴,通过点头判断出同意,表情符号通过视觉保持了文化交流的共通性,通过网络进行交际的人们同样使用网络表情符号这种图像式的表情进行交流与沟通。

2. 题材来源的多元性。网络表情符号的来源十分丰富,儿童动画、影视片段、综艺名人、社会热点等都成为网络表情符号创作的源泉。随着社会热点事情的不断出现、流行影视内容的快速更迭,新一批流行的网络表情迅速挤占各大社交网络平台,网络表情符号的更新速度前所未有。

3. 表达方式的多样性。随着网友对表情符号的广泛使用,网民们对表情符号的需求逐渐提高,网络表情符号表达方式呈现出多样性特点。表达方式的多样性是使用者追求个性化、娱乐性的体现。自创的、下载的、收藏的各种表情符号可随意使用,也可自由组合,其表达方式从简单到复杂,新表情符号的产生从个人设计阶段到了团体开发阶段。

政务微博中的表情符号除了具有一般网络表情符号的特点,还具有自身的特点。

1.乐观的情感表达。政务微博表情符号中涵盖了喜怒哀乐各种情感,但在使用中,乐观表情占绝对优势。政务微博文本中传达出的情绪代表的是国家态度,所以表情符号的使用更为慎重,与普通网络交际中个人之间使用各种夸张的表情符号不同,政务微博中的情感表达受发布内容的影响,发布内容多为正面事件,表情符号也多表达乐观情绪。即便内容中涉及负面事件,也会选择使用带有鼓励情绪的表情符号来引导公众乐观前行。

2.美善的价值取向。政务微博表情符号中蕴含着美善的价值取向。政务微博中表情符号的使用,除了具有缓和气氛、使政府话语更接地气以外,重要的是渗透着政府机构宣扬正能量的价值观念。面对社会热点事件,因价值取向不同,网民之间会出现观念的碰撞,在政务微博美善价值取向的引领下,即便穿插了部分杂音,也利于过滤修正重新回到原有的讨论,宣扬正能量、维护社会和谐稳定是政务微博的价值取向和最终目的。

三、政务微博表情符号的语用功能

调查发现,政务微博中的政务通告类、转发评论类、分享互动类信息都出现大量表情符号,但出现频率存在差异,其中政务通告类信息中表情符号出现频率低于后两类,分享互动类信息中表情符号出现频率最高,这种差异不难理解,因为表情符号的娱乐性会降低政务通告类信息的严肃性,所以表情符号出现频率较低,而转发评论类和分享互动类信息存在较强个人感情色彩所以表情符号出现频率较高。表情符号作为一种非言语表达形式在政务微博言语交际活动中扮演着辅助交际的重要角色,我们结合表情符号在政务微博中的具体应用,以真实微博语料为例,分析表情符号在政务微博中发挥的具体作用。

1. 补充语境

关联理论认为,语境是一种心理建构体,是与语言使用有关的,已经概念化图示化了的知识结构状态。而语境效果则是说话者提供的新信息在旧信息中的语境化而产生的①。在虚拟网络的交际过程中,交际双方因为不能面对面交流,很多实际交流中的语境信息容易被忽略,比如,面部表情、语气态度等。表情符号帮助政府机关更清楚地表达自己的情绪、立场,从而增强表达效果。

(1)【有人被抓街头"卖惨"结果群众高呼"抓得好"😳】8月10日,湖南@益阳市公安局资阳分局 禁毒大队民警抓获两名正在交易毒品的女性嫌疑人,嫌疑人大喊自己患有癌症,企图通过"卖惨"吸引群众围观逃避执法。为避免误会缉毒民警及时亮明身份,群众纷纷表示支持,有人鼓掌大喊"抓得好"。(公安部打四黑除四害 2016.8.11)

(2)【南广新生穿越300公里"无人区"💪】从边界的二连浩特骑单车出发,一路向北前往蒙古国首都乌兰巴托,其间穿越草原、戈壁和300公里人烟稀少的"无人区"——这是@中国传媒大学南广学院学生任毅和3个伙伴历时20天的千里骑行。任毅说,来南京后还要再组建一个骑行加摄影的团队。😊(南京发布 2016.8.30)

---

① 何自然、谢朝群、陈新仁:《语用三论:关联论·顺应论·模因论》,上海教育出版社2007年版,第230—231页。

（1）中话题部分文字内容并不明确，"有人被抓"，受众不清楚此人是好是坏，群众高呼"抓得好"，读者并不能确定这句话是否运用了反语，整个话题部分语境不明，但后面的"😀"让我们轻易判断出，被抓的人是坏人，虽然坏人竭力"卖惨"、寻求同情，但群众对抓人行为表示支持，表情符号的使用增加了话题中情感和态度的表达，有助于语境的补充。（2）中话题文字表述为：南广新生穿越 30 公里"无人区"，仅从文字上看不出政府机关对此事的态度，是对大一新生锻炼了意志和品格的赞赏还是警告其他同学不要效仿？随后的表情符号"💪"对话题中的语境进行了补充，微博发布者明确了对此事的态度，文末最后的表情符号"😄"进一步加强了读者对文本话语的理解。

表情符号作为辅助交际的手段，填补了政务微博言语交际中的语境缺失，即使相同的表情符号，也能营造出不同的语言环境，使得政务微博内容表达的情感及态度存在巨大差异。

（3）【大师超厉害操作，一把琵琶弹出多国曲风！🖤】国乐艺术家的大师级操作，这真的是万能的神仙琵琶没错了。🧎 🧎（共青团中央 2017.6.20）

（4）【超强求生欲！男子醉酒趴马路不起骂民警，媳妇到场后秒🧎认错：老婆，我错了】5 月 13 日，河南郑州二七区，一醉酒男子趴在路中间，民警来帮他，他拒绝并口出恶言。男子媳妇到场后，训斥该男子，男子承认错误并向民警道歉。（郑州发布 2017.5.15）

上面两条政务微博中都用到了同一个表情符号"🧎"，这是一个模仿人们双膝跪地的动作而创造的表情符号，这个符号在政务微博默认表情符号中标示义为"跪了"，"跪"本义为"两膝着地，腰和股都伸直"，2013 年成为网络流行语，多用于表示感叹或来表达心中的一种叹服，对方很强大的时候可以使用。(3)中文字出现了"厉害""大师级""神仙",文末连用两个表情符号" 🧎 ",取网络流行语的"叹服"之义,营造出国乐艺术家弹奏琵琶的精湛技艺令人叹服的真实情感氛围。与例(3)完全不同的是,(4)中的表情符号" 🧎 "仅表"跪"的原义,"秒 🧎 认错"意思是"秒跪认错",可见,发布者一方面用表情符号代替实词表达意义,另一方面用表情符号凸显男子醉酒后对民警和对老婆截然相反的两种态度,形象的跪地画面跃然纸上。表情符号的使用有助于语境的补充和对文本话语的理解。

2. 协调关系

研究表明,虚拟环境的网络交际中,交际双方关系的亲密程度和表情符号的使用成正比[1]。由此可知,政务微博中,政府机构可以提高表情符号的使用频率,从而缩小政府与民众之间的心理距离,增强政务微博话语的可接受性。可见,在政务微博中,表情符号在协调关系方面发挥重要作用。

(5)手机放下,没那么多奏章要批,早点休息,晚安! 👻(深圳公安2016.7.29)

(6)关于空难,今天不说安全措施,讲个小故事吧! 🖤(平安北京2016.11.30)

(7)结束了一天的劳碌,静听一首古琴曲,早早安歇吧! 🌑(北京发布2016.8.7)

(8)说一个你家乡的食物,看别人能不能猜出你家在哪。 🐱(共青

---

① D.Derks,A. E. R.Bos&J.Grumbkow,*Emoticons and social interaction on the Internet:the importance of social context*,Computers in Human Behavior,2007,pp.892−899.

团中央 2016.10.15)

（9）其实,总有人偷偷爱着你呀!　❤//@ 戴胤少年:突然想起来,八月初计划去长白山,长春高铁站中转的时候行李箱落在高铁上了,马上打了 12306,半个小时后乘务就回电了,第二天就把行李寄过来了,超感动!（共青团中央 2016.9.2)

（5）—（9）这样的内容常见于各政府机构每天发布微博的最后一条,这种问候类政务微博并不是给受众传达某种政务信息,主要目的在于拉近民众与政府间的关系,表情符号的使用让这类微博更具人情味,也是政府机构注重在政务微博上进行"人脉"建设,以诚挚的沟通赢得受众关注的体现。（9）中的表情符号使用在政府和民众的双向互动中,与传统媒体的单向宣传不同,政务微博是受众也有选择权的双向互动,这种双向互动的形式已经改变了交际双方的权势关系,(9)中民政间的对话更像是朋友间的聊天,再用表情符号" ❤ "作助推器,拉近了交际双方的心理距离,把民政之间的权利关系变为平等协商的对话关系。

3. 情感安抚

话语缓和是话语力度或语用强度的弱化,是冲突话语中常见的语用策略,交际双方会使用缓和手段降低话语对听话人的面子威胁,实现礼貌。根据李海辉、何自然的研究话语缓和呈现出心理规避、情感安抚、关系亲善与交际说服等四种功能[1]。在话语缓和的四种功能中,情感安抚享有特殊地位。情感安抚有利于关系亲善,继而有利于实现说服。政务微博中除了情态词的使用外,表情符号的使用也能发挥情感功能。

---

[1]　李海辉、何自然:《话语缓和的语用功能研究》,《兰州大学学报》2016 年第 3 期,第 151—158 页。

(10)【维护公告】尊敬的民生警务用户,由于运营商光缆中断,导致民生警务平台使用受影响。目前运营商正在抢修中,恢复时间预计于2017年7月24日12:00,不便之处,敬请谅解! ♥(深圳发布2017.7.23)

(11) 📱S8号线泰山新村站出现道岔故障,该区段列车限速运行,大家注意! //@南京地铁:#出行提示#目前S8号线泰山新村站出现道岔故障,该区段列车限速运行,给您带来不便敬请谅解! ☺(南京发布2017.4.13)

(12)故宫景区中部分景点因维修、翻新暂时封闭,自今日起故宫内部分景区选择性开放,维修、翻新工作大概需要一个月,关闭的景区恢复接待时间将另行公告,由此给广大游客带来的不便,敬请谅解! ⛰(北京发布2017.8.11)

上面的三个例子中的表情符号发挥了情感安抚的作用,说话者避免引起或加剧听话人的负面情感。当政务微博中发布的内容于受众不利、将伤害其情感或给其生活带来不便时,发布者便使用表情符号来缓和话语,实现情感安抚。三个例子中的内容主题分别为(10)中"运营商光缆中断,民生警务平台使用受影响",(11)中"道路故障、列车限行",(12)中"景区部分关闭、选择性开放",发布的内容都在一定程度上给人们生活出行带来不便。发布者在"不便之处、敬请谅解"后边附加了表情符号"♥、☺、⛰",使得发布者的立场得到了缓和,发布的内容更容易被理解和接受,维护了自身积极面子的同时,也兼顾了受众的消极面子。

情感安抚需要主体间双向趋同。在言语交际中,人们对自身的语用关切都会给予一定程度的关注,有时忽略了对方的关注点,只有说话者进行视角转换,才能实现交际双方交际意图的趋同。否则,听话人会受制于自身视角,使交际陷入窘境。我们用下面的例子来具体说明:

（13）【蜀黍两次变身"蜘蛛侠"爬六楼帮住户开门】家住云南某小区的何女士家中防盗门打不开了，向派出所报警求助，副所长代云强接警后前往该住户小区，用消防水袋作丝变身"蜘蛛侠"攀爬至六楼将门打开。次日，何女士再次称防盗门又打不开了，"蜘蛛侠"所长又以同样的方式爬上了六楼……（公安部打四黑除四害 2016.5.15）

右边没看见蜀黍也在 😶 么，算是跟童鞋们的一种沟通方式吧 🙂，希望这样的事不要再发生。//@ 无敌饼干姐：给官方跪了。宣传点别的不行吗？比如当地安全可靠的开锁公司电话和收费标准。//@ 长孙梦溪：这种事本身就很荒唐。//@ godloveyou：应该帮她叫开锁公司，不应该在没有专业装备和训练的情况下为这种事冒险。（公安部打四黑除四害 2016.5.16）

（13）是公安部在 2016 年 5 月 15 日发布的一条话题为"蜀黍两次变身蜘蛛侠爬六楼帮住户开门"的官方微博，旨在宣传人民警察冒着生命危险两次攀爬六楼帮住户开门的事迹。没想到微博发布后引起广大微民的不解和批评，微博发布者从官方角度称赞警察，而微博受众从安全角度批评这种事情的荒唐，可见交际双方视角不同，使交际陷入窘境，微博没有取得预期的效果。第二天微博发布者转换关注视角，针对广大微民的留言，再发微博进行回复，用表情符号" 😶 "强调在场的警察也很无奈，这条微博是为了增进政府与民众的沟通，文字后附带" 🙂 "以示友好，跟广大微民一样政府机构也不希望这样的事再次发生。第二次的微博内容转换了发布者对事情的关注点，达到了交际双方交际意图的趋同。表情符号在政务微博冲突话语中发挥的情感安抚作用是显而易见的。从上面的例子就可以看出，在情感失衡的状态下，听话人对话语的理解可能会产生偏差，或者不愿配合说话人的交际意图，对话语产生抗拒，既影响人际关系,也影响交际效果。表情符号在政务微博中有助于安抚听话人负面情感、扫除交际中的障碍。

　　总之,表情符号在政务微博中发挥了补充语境、协调关系、情感安抚等重要作用,生动、形象、简单、直白的表情符号让生硬的文字模态活跃起来,使政务微博的内容更具包容性与亲和力,体恤和关照公众情感,使程式化的新闻语篇接地气、有人情味,拉近了政府和群众的距离,有助于加强官民交流,同时表情符号可以弥补网络社区交际双方不能面对面交流、无法看到对方表情、态度的缺点,这体现了表情符号的辅助交际功能。

第三节　政务微博动态图像分析

　　政务微博中的动态图像主要指政务微博中的视频内容,与静态图像不同,动态图像中涉及图像、文字、声音等多种表现形式,视频中的交际者的面部表情、肢体动作、背景变换等都参与意义的表达,视频也是一种动态多模态语篇,这种动态多模态语篇因参与意义表达的符号众多、模态间关系的不断变化而成为多模态语篇中分析的难点。我们认为可以从宏观角度和微观角度对政务微博中的视频进行分析。宏观角度是把动态图像看成一个动态多模态语篇,按照多模态话语分析框架,以定性分析的方法,从文化语境层面、情景语境层面、体裁结构等方面进行考察。微观角度是把视频看成动态图像,以定量分析的方法,研究动态图像中模态特征、符号分层以及表示图像三大意义——"概念再现意义""人际互动意义"和"组篇意义"的图像因素。两种考察角度研究重点不同、研究方法各异,把二者结合起来能让我们更全面、更深入地了解动态多模态语篇的运作机制和整体意义。

一、政务微博中的 TED 视频

在政务微博的众多视频中,我们选择 2016 年度微博影响力排名第十二位的中国大学生在线(教育部中国大学生在线官方微博)中的热门栏目"每天一集 TED"。TED 是 technology、entertainment、design 三个英语单词的缩写,意思是依托于高科技技术,设计独特,可以娱乐大众的新型视频。从 2006 年起,克里斯·安德森将演讲视频用 TED 形式上传互联网,这种以"互联网+演讲"的模式掀起了 TED 传播的热潮。作为当代大学生在线微博中备受关注和好评的栏目"每天一集 TED",因其简短丰富的图像、富有哲理的内容、正能量信息的传递,受到广泛好评和转发。TEDx 来源于 TED 的子项目,x 代表了独立组织的 TED 活动。不同地区的人们可以在当地自发组织集会活动,在集会上,人们通过短时演讲分享自己的心得、体会、人生经历、学习技巧等。

政务微博"当代大学生在线"中著名教授洪阑在 TEDx 的演讲视频被大量转载并得到广泛好评,我们就选择了她的关于"男女大脑功能不同"的演讲作为分析的语料,视频的时间不长,仅有 7 分 52 秒,但给人们留下了深刻的印象。我们选择这段视频进行动态图像分析主要的原因有:(1)因为职能的不同,所以政务微博发布的内容也各有倾向,如:深圳交警(广东省深圳市公安局交警支队官方微博)和天津交警(天津市交通管理局官方微博)发布的视频多为交通违规、事故处理、道路安全等方面的内容。平安北京(北京市公安局官方微博)、江宁公安在线(南京市公安局江宁分局官方微博)发布的视频多为警察事迹、防骗指南、案情通报等内容,其中一些视频内容为监控拍摄内容,没有声音模态。我们没有从这些体现职务特点的微博中选择语料,是为了避免因发布内容的职务化倾向,语料不具备普遍代表性。(2)各政务微博的视频内容中很大一部分为知识传递类信息,作为这类信息中的一部分,TED视频不仅在国内播出,在国外也受到热捧,所以语料形式具有广泛的代表性,特别是我们选择的洪阑教授的演讲视频观看量和转发量名列前茅,反响巨大,可以作为TED中的代表语料。

这里需要说明的一点是,政务微博中视频内容涉及方方面面,视频形式也各不相同,我们不能一一穷尽考察,我们在本节尝试选取政务微博视频中的一个例子从宏观和微观角度进行细致分析。宏观角度的考察以传统的定性方法为主,微观角度的考察以定量统计分析为主,两种角度的考察可在一定程度上相互验证,从而使我们的研究更加客观、具体、准确。

二、宏观角度——成分分层切分分析

张德禄(2009)基于系统功能语言学理论提出了动态多模态话语分析框架,我们尝试运用这一分析框架对TED中的演讲视频进行宏观角度分析。

(一) 动态多模态话语分析框架

张德禄根据 Halliday 的系统功能语言学, 结合 Lim 提出的综合性多符号模式框架①, 提出了一种动态多模态话语分析综合理论框

---

① FV.Lim. *Developing an integrative multi − semioticmodel*, London:Constinuum, 2004, pp. 220-246.

架①,该框架由文化语境层面、情景语境层面、内容层面和表达层面四个层面组成,如下图所示:

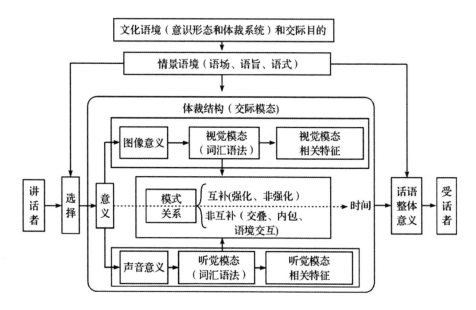

动态多模态话语分析框架

从该框架来看,在一定文化语境的影响下,讲话者话语意义的表达要受到意识形态和体裁系统的制约,同时还需根据所处的情景语境和交际目的来选择表达的话语意义。在表达话语意义的过程中,讲话者需要根据体裁结构运用合适的交际模态将选择的意义体现出来。选择的意义主要包括图像意义和声音意义。意义通过不同模态体现出来,模态之间存在互补或非互补的关系。各模态之间互相配合共同构建动态语篇的整体意义。

---

①　张德禄:《多模态话语分析综合理论框架探索》,《中国外语》2009 年第 1 期,第 24—30 页。

（二）研究方法

我们采取体裁功能成分分层切分法,参照上面的分析框架图,从多方面对语料进行分析研究。张德禄对动态多模态语篇按照如下标准进行切分:首先,语篇的每一个主题由多个部分或阶段组成,每个阶段又分为多个次要单位;然后根据语篇过程的发展,找到语篇主题发生变化的转折点,这个转折点可作为切分单位的边界,同时转折点又引发新的语篇内容,包括参与者和情景成分的变化;最后与语篇主题相关的处于前景的事物和特征是进行切分的重点对象。在语篇层面,每个图像可以实现一个事件,一系列交际事件形成一个情节,几个情节可以组成一个故事或者一个语篇。我们选择的视频语料为演讲视频,我们把语篇的发展分为开头、主题阐述、高潮和结束四个部分,每一个部分由若干个情节构成。我们按照上述标准对洪阑的演讲视频进行切分如下:

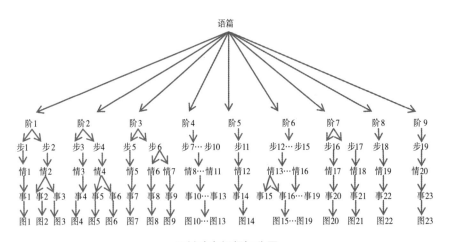

语料动态视频切分图

语料中洪阑这段演讲视频的体裁结构包括 9 个阶段,这 9 个阶段分成 19 个步骤和 20 个情节以及 23 个事件和 23 个图像,可见每个阶段由若干个步骤构成,每个步骤可分为若干个情节,每个情节可分为若干个事件,事件通过图像来实现,每一个图像标志着一个语篇单位、一个语法过程和一个信息单位。

(三) 动态视频的多模态话语分析

1. 文化语境

多模态话语框架中文化是关键因素,它使得情景语境具有解释力。文化语境包括文化习俗和社会规范两个方面,是指与言语交际相关的社会文化背景。前者是指人们在语言、行为和心理上的集体习惯或生活模式,后者是指一个社会对言语交际活动作出的各种规定和限制。

近年来,人们把演讲与多媒体技术结合起来,打造出 18 分钟的 TED 极致演讲视频,这种 TED 演讲视频,一改传统演讲的时长和演讲模式,是一种集 PPT 图片、动态视频和演讲者话语于一体的新型演讲,上传到网上的 TED 演讲视频又包括了演讲现场演讲者与现场听众的互动等情景语境,这让网民看到该视频时好似置身于演讲现场,引起强烈的情感共鸣。这种演讲时长不超过 18 分钟,受到时间的限制,演讲者语言精练、主题明确、言简意赅,受众能在较短的时间内吸取演讲中最有价值的信息。

我们选取的是台湾教授洪兰在 TED 会议上做的关于男女之间大脑差别的演讲。男生和女生对待同一件事表现十分不同,这是由于男女大脑间的不同造成的。在这场简短而又引人入胜的演讲中,洪兰指出女性教育的重要性,并提出男女平等是薪水和机会的平等,虽然洪兰教授的演讲时长只有七分钟,但在这短短七分钟时间里,洪兰教授用风趣幽默的语言、丰富多样的举例,配合着简单清楚的图片为我们呈现了一段精彩的演讲。洪澜演讲的题材结构总共包括十个阶段:演讲开头(两个阶段)、演讲主题(三个阶段)、演讲高潮(四个阶段)和演讲结尾(一个阶段)。

(1)演讲开头:由两个具体例子引出对待同一件事男女做法的差别。

(2)演讲主题1:男女大脑的功能差别。

(3)演讲主题2:男生制造血清素更快。

(4)演讲主题3:女生第六感>男生。

(5)演讲高潮1:母亲是家庭的灵魂。

(6)演讲高潮2:女性教育的重要性。

(7)演讲高潮3:男女平等体现在薪水和机会上的平等。

(8)演讲高潮4:做你擅长的事。

(9)演讲结尾:演讲者结语和致谢。

2. 情景语境

从情景语境看,交际受到话语范围、话语基调、话语方式所决定的语境因素制约。话语范围指语篇涉及的具体内容;话语基调指参加者的身份和他们之间的社会角色关系、交际双方的关系;话语方式指语言在具体环境中所起的作用,也可以叫交际的媒介和渠道。洪阑教授演讲视频的情景语境可以描述为:(1)话语范围:TEDx 会议上关于因男女大脑不同而带来的男女行为上差异的一次演讲。(2)话语基调:台北 TEDx 大会媒体,著名教授洪阑和在场观众。(3)话语方式:台北 TEDx 大会通过网络向全球免费播放由著名教授洪阑进行的演讲。演讲者主要通过声音模态来传递男女大脑不同而导致行为上的差异这一主题,演讲者讲话的同时伴随着面部表情、手势动作、演讲者身后的 PPT 图像等共同构建动态视频的多模态意义。

3.动态视频各部分多模态话语分析

在动态多模态话语分析框架中,语篇意义由图像意义和声音意义构成,但却不是二者的简单相加,其核心部分是体现图像意义的视觉模态和体现声音意义的听觉模态间的模式关系。我们把洪阑教授的演讲视频分为开头、主题、高潮和结尾四个部分进行分析。

(1)开头部分

在演讲的开头部分,洪阑教授面带笑容,手里拿着多媒体演示器走上 TEDx 演讲的讲台,上台鞠躬。演讲开始,洪阑教授先通过语言模态,并伴随着手势模态(右手略抬起)提出今天要讲的内容"男女大脑上的不同所带来的行为上的差异",这时的手势模态为次要模态,是用来辅助语言模态共同表达意义的。接着洪阑教授通过多媒体演示工具以文字形式呈现朱德庸的一句话"男人没有女人就没有乐趣,有了女人就有了生趣",洪阑教授把这句话读了出来,这时语言文字通过图像成为主要的交际形式,语言模态跟图像中的文字模态构成强化突出的互补关系中,共同表达演讲者的整体意义(事件 1)。洪阑教授用朱德庸的这句话引出事件 2 和事件 3,洪阑教授主要通过语言模态讲述了男人女人吵架时的不同表现(事件 2)和教师节男女学生送谢师卡的不同表现(事件 3),讲述过程中,伴随着身体手势,这时以语言模态为主,手势模态是辅助交际的次要模态。

动态视频开头部分的多模态话语分析见下表:

动态多模态语篇开头部分的模态分析

开头部分截图	语篇意义	语言模态	图像模态	其他模态	前景化多模态特征
	事件1：男女不同	主模态（次要模态）	无	身体动作	听觉模态
		强化突出（主模态）	文字	无	视觉模态
	事件2：男女吵架时的不同表现	主模态（互补强化）	无	手势	听觉模态（次要模态）
	事件3：男女寄谢师卡的不同表现	主模态（互补强化）	无	手势	听觉模态（次要模态）

（2）主题部分

在主题部分,洪兰教授主要以提供信息型的模式讲述了三个主要问题:一是男女大脑的分布差别(事件4、事情5和事件6);二是男生大脑制造血清素更快(事件7、事件8和事件9);三是女生第六感>男生(事件10—事件13)。

事件4是男女大脑分布的差别,图像模态为主要模态,文字模态与图像模态形成非强化协调的关系,运用视觉图像模态的同时,伴随着洪阑教授的讲述,补充说明男女大脑功能分布的差别,图像模态与语言模态形成非强化协调关系。事件5和事件6是对事件4的证明,以语言模态为主模态,洪阑教授讲述了从男女指路的差别可以看出,女生善于处理颜色和地标,男生善于处理距离和方位,在讲述的同时伴随表情和手势模拟指路,达到了强化突出的效果,同时演讲者身后的图像背景也参与话语意义的表达,图像模态与语言模态形成非强化协调关系。从事件7来看,演讲者用图像指出了男女大脑中血清素不同,这时视觉图像模态是主模态,语言模态进行补充说明。事件8和9同样用具体事件男女吵架后反应不同来证明男女血清素不同带来的行为差异。这两个事件中主要用了语言进行描述,语言模态为主模态,在讲述到女人吵架后的反应时演讲者表情夸张,并伴随着模仿女人生气时的肢体动作,此时的话语类型是对比差异类。演讲者运用表情模态和手势模态再现吵架后男女反应的巨大差异,可见表情模态和手势模态对语言模态具有强化突出的作用。事件10中语言模态为主模态,演讲者运用图像扩充语言表达的意义,此时的视觉模态对听觉语言模态具有强化补充作用。主题最后的一部分为事件11—13,演讲则用三个具体的事例(选字实验、动画片暗示和保姆的选择)来说明潜意识影响你的决定。这一部分同样以语言描述为主,手势模态一定程度上对语言模态进行强化,背景图像也与语言形成非强化协调的互补关系。

动态多模态语篇主题部分的模态分析

主题部分截图	语篇意义	语言模态	图像模态	其他模态	前景化多模态特征
	事件4：男女大脑分布差别	主模态（非强化协调）	互补	文字模态	视觉模态（非强化协调）
	事件5和6：男女指路的差别	主模态（非强化协调）	互补	手势模态表情模态	听觉模态（强化主次）
	事件7：男生制造血清素更快	主模态（非强化协调）	互补	文字模态	视觉模态（非强化协调）
	事件8和9：男女吵架后反应不同	主模态	无	手势模态表情模态	听觉模态（强化主次）
	事件10：女生第六感>男生	主模态	文字	无	听觉模态（强化突出）

续表

主题部分截图	语篇意义	语言模态	图像模态	其他模态	前景化多模态特征
	事件11—13：潜意识影响你的决策	主模态（非强化协调）	互补	手势模态	听觉模态（强化主次）

　　上面分析的是视频中的主题部分,在构建这部分意义的时候,听觉模态和视觉模态相互结合,演讲者用图像和语言详细说明男女大脑功能不同引发的不同行为,语言模态、图像模态、文字模态,伴随着面部表情、身体动作等相互配合、相互协调,共同实现交际意义。

　　(3)高潮部分

　　视频的高潮部分,洪兰教授主要运用总结前文,层层深入的演讲技巧,把主题内容不断推向高潮,这部分不仅涉及较多的名人名言,还介绍了女性教育的重要性、男女平等的含义等。高潮部分的模态分析见下表。从下表来看,动态多模态语篇的高潮部分,图像模态与语言模态交替成为主模态,演讲者不断用名人名言深化主题,直至高潮,名人名言用图像文字呈现;演讲内容用语言表现,所以就出现了,图像与语言交替为主模态的形式。声音和图像是构建整体意义的重要部分,两者相互协调,辅以表情和手势等次要模态,几种模态一起吸引听众的注意力,高潮部分几次被观众的掌声和笑声打断,可见模态间相互组合很好地建构了话语意义,使演讲的高潮部分引人入胜。

动态多模态语篇高潮部分的模态分析

高潮部分截图	语篇意义	语言模态	图像模态	其他模态	前景化多模态特征
	事件 14：母亲是家庭的灵魂	主模态（强化突出）	文字	手势模态	听觉模态（强化主次）
	事件 15—19：女性教育的重要性	强化突出	文字	无	视觉模态（主模态）
		主模态（强化突出）	文字	手势模态	听觉模态（强化主次）
	事件 20—22：男女平等，做你擅长的事	强化突出	文字	无	视觉模态（主模态）

　　从事件 14 来看，洪阑教授主要通过语言模态、身后的图像背景、辅以手势动作来完成意义表达，图像中文字写着汉语"母亲是家庭的灵魂"，英语"if the wife isnot happy, nobody is happy"。这部分语言模态为主模态，手势模态为次要模态，文字图像模态主要起强化突出的作用。事件 15—19 主要表现女性教育的重要性，事件 15、16 主要表现投身女性教育的重要，用幽默的语言表达了与其教育你的儿子，不如好好培养你的儿媳。这也是演讲的高潮之一，现场观众的热烈鼓掌一度打断了洪阑教授

的演讲。事件17—19用奥巴马的话引出女性成功人数和失学人数相差巨大,有很多事情值得我们去做。这一部分引用了不少名人名言,当镜头对准这些在多媒体 PPT 上的文字时,看不到演讲者,不能体现演讲者的表情和手势,这时图像模态为主模态,语言模态与图像模态构成强化突出的互补关系。当镜头拉回,演讲者站在文字图像前,用语言进行讲述时,语言模态重新占据主要地位,配合着相应的表情和手势,与背景图像中的文字模态一起把演讲推向又一个高潮。从事件20—22来看,表达了洪阑教授的希望和寄语。这时文字模态为主要模态,视觉处于前景,语言模态起到强化突出的作用,两种模态协调互补,表达了洪阑教授的希望:男女平等应达到薪水和机会的平等,还有教授的寄语:做你擅长的事。

(4)结尾部分

动态视频的结尾部分,洪阑教授运用语言模态表达了对大家的感谢,伴随演讲者双手合拢、鞠躬的身体动作结束了此次演讲。从模态分布来看,语言模态是主模态,处于前景化,文字图像模态以及身体动作模态都对语言模态进行补充形成非强化协调关系,使结尾部分精练、真诚。动态多模态语篇结尾部分的模态分析见下表:

动态多模态语篇结尾部分的模态分析

结尾部分	语篇意义	语言模态	图像模态	其他模态	前景化多模态特征
	演讲者致谢	主模态(非强化协调)	互补	身体动作模态	听觉模态(非强化协调)

前面就是我们从宏观角度对政务微博中的视频进行分析的过程,我们对视频语篇按照阶段、步骤、情节、事件、图像层层切分,并按照语篇体裁从开头、主题、高潮、结尾四个部分对语篇进行模态分析。但宏观角度的考察存在以下问题:(1)对动态多模态语篇的切分存在主观嫌疑。(2)对手势模态的考察不够细致,对视频中交际者语言中的音韵特点没有涉及,整个近八分钟的视频中到底是哪种模态出现时间更长等都没有考察和体现。所以我们要从微观角度对上述语料再次进行考察。

三、微观角度——动态图像 ELAN 分析

(一) 动态视频的语言符号分析

动态多模态话语涉及话语交际的渠道、符号媒介和模态几个因素。交际渠道主要有视觉、听觉、触觉等,媒介主要指多媒体设备,符号包括语言以及体势语、图像、声音等。通过视觉模态、听觉模态、触觉模态的综合运用和协同配合,协商出话语的"意义潜势"。不管是静态多模态话语还是动态多模态话语都体现"概念再现意义""人际互动意义"和"语篇意义",这些意义分别借助各自特殊的模态和语言符号得以表现。就演讲话语而言,其语域主要是演讲会场,语类属于教育话语,主题涉及文学、科普等各种语类,具有模态的主体性。我们研究的语料中"再现意义"可以由演讲者演讲话语的语义关系体现(如同义、反义);视觉图像"再现意义"中的矢量对角线(包括目光、动力、方向、路径等)可用意象图式体现,也可以通过手势表示(包括"具象性手势、意象性手势和指示性手势"),演讲者主要使用降调提供"信息",也可以通过升调"索取"信息;态度包

括情感、判断和鉴赏。视觉图像上的"互动意义"包括"目光接触、视角、社会距离和情态四要素"。在目光接触方面,演讲者往往面对广大观众,与广大观众目光接触,是"提供类"信息;距离包括演讲者站在台上,与观众之间体现公众距离,演讲者走到台下,与观众呈现出的社交距离,演讲者与观众互动或近距离问答,表现出的个人距离。语篇意义也可以通过图像"构图意义"完成,包括"信息值、取景和显著性三种资源"。

　　根据系统语言学"三大意义"及三大意义在语言、图像、声音等模态组成的多模态语篇中的体现,语言通过文字和口头表现出来。文字语言主要指演讲者在演讲过程中利用多媒体技术在 PPT 上以文字形式呈现的内容。口头语言表现为演讲者演讲时所说的话。手势中我们根据 Norris 对手势的划分,将手势分为具象性手势、意象性手势、指示性手势和节奏性手势四种。具象性手势是指通过手势模拟某个具体的事物或动作。意象性手势是用手势来表示抽象的思想或事物。指示性手势主要用于指向某个方向或某个事物。节奏性手势是指手伴随言语有节奏地摆动。面部表情要分析微笑和皱眉两种面部表情。微笑可以传递一种积极的情绪,具有积极的人际互动意义。皱眉也具有人际功能,皱眉有时是注意力集中的表现,但它更多地表达一种不耐烦、不满意的情绪。目光接触分为 2 层:面向观众和面向多媒体。距离中因为不涉及个人距离所以只分为公众距离和社交距离。伴语言中分为 5 层:图片、颜色、升调、降调、停顿,其中升调、降调和停顿属于语言的音韵特征。这样,我们把语料视频中的语言符号分成了 16 层加以标注、统计和分析。

（二）研究方法和手段

研究工具为 ELAN 视频分析软件,ELAN(EUDICO Linguistic Annota-tor)是由荷兰马普心理语言学研究所开发的一个跨平台(Win-dows、Mac OS、Linux)的多模态话语分析软件。ELAN 有友好的汉语界面,它最大的优势是可以设定模态、进行自动统计,并能对语言符号间的相关性作出比较。该软件可循环播放,精确定位到 0.1 秒,便于对视频和音频进行时间段的分割和标记、精确定位和循环播放;根据时间标签,可以实现标注与图像、声音、文本精确同步进行、即点即播;可对语言、符号及模态进行定义、分层标注、排序、转写、修改,并可进行定位查找、替换和分段统计分析,允许用户根据研究需要自行设定层级数量和顺序,自行编订标注编码表;标注与标注之间可以横纵向对比,方便检查与研究。总之,ELAN 可以通过对视频、音频文件的多层级同步标注来分析说话者的话语内容、面部表情、体态手势、语音语调等,ELAN 工具在应用语言学研究中具有广泛的应用前景。ELAN 软件应该是分析动态多模态语篇比较理想的工具。具体操作如下:

1. ELAN 下载安装

登录 ELAN 官方网站(https://tla.mpi.nl/tools/tla-tools/elan/)并点击进入下载板块,根据不同的操作系统(如图所示)选择最新版本的 ELAN 软件,我们下载使用的是 ELAN 5.3 Windows。下载完成后,双击安装软件进行安装,并下载 User guide,阅读并熟悉 ELAN 软件的详细使用方法。

Download ELAN

Download ELAN

2. 编码方案

根据研究的目的,对各种模态进行编码,比如想分析视频中的音韵特征,我们就可从语调、重音、停顿和语速 4 个部分考察音韵特征。

音韵、手势赋码方案

a)音韵特征[P-]			
赋码	含义	赋码	含义
PIR	Prosody-Intonation Rise	PIF	Prosody-Intonation Fall
PIL	Prosody-Intonation Level	PIRF	Prosody-Intonation Rise & Fall

续表

a）音韵特征［**P-**］			
赋码	含义	赋码	含义
PIFR	Prosody-Intonation Fall & Rise	PSt	Prosody-Stress
PST	Prosody-Slow Tempo	PFT	Prosody-Fast Tempo
PPS	Prosody-Pause Short		
2.手势特征［G-］			
赋码	含义	赋码	含义
GIL	Gesture-Iconic Left Hand	GIR	Gesture-Iconic Right Hand
GIB	Gesture-Iconic Both Hands	GDL	Gesture-Deictic Left Hand
GDR	Gesture-Deictic Right Hand	GDB	Gesture-Deictic Both Hands
GML	Gesture-Metaphoric Left Hand	GMR	Gesture-Metaphoric Right Hand
GMB	Gesture-Metaphoric Both Hands	GBL	Gesture-Beats Left Hand
GBR	Gesture-Beats Right Hand	GBB	Gesture-Beats Both Hands

上面为赋码方案举例,根据编码原则［P］代表音韵特征,其中［PIR］代表升调、［PIF］代表降调、［PST］代表重音、［PPS］代表停顿等。想要考察视觉模态中的手势,上文说过可以把手势分为四类:指示性手势(deictic)、具象性手势(iconic)、意象性手势(metaphoric)和节奏性手势(beats)。［G］代表手势特征,［GDL］表示由左手完成的指示性手势,［GDR］表示由右手完成的指示性手势。如果在研究中不需要区分左右手,那么可以不用赋码过于细致。

3.在 ELAN 中载入多模态语料

双击 ELAN 软件图标打开 ELAN,点击"文件"后使用下拉菜单中的

"新建"功能载入未标注的多模态语料。双击要载入的多模态文件并点击"确定"后,完成多模态语料的载入(如图所示)。

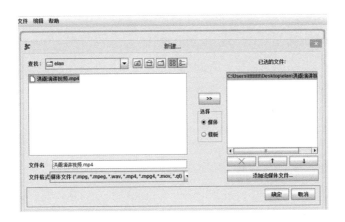

4.多模态语料分割及字幕转写

要先把视频、音频文件根据赋码方案分割成不同的时间段,方便对每一段进行标注。首先点击"文件"下拉菜单里的"保存"来保存文件,更改默认层名"Default"为"字幕"。然后点击"选项"下拉菜单中的"分割模式",点击 ENTER 键对多模态语料进行时间轴上的分割标记,之后点击"选项"下拉菜单中的"转写模式"进行字幕转写。视频内容会被分成多段,然后分别对各个层级一一进行标注,这个过程需要极大的耐心和细致,对不确定的地方可以反复斟酌修改。

5.多层标注及结果输出

对分割后的视频内容可进行多层标注。点右键选择"在此新建标注",出现方框后即可输入语言或内容。如果不输入内容,即出现时间长度。选择左边的层,可以拉动层的位置,点右键可以给层分类排序。点击

"选项"下拉菜单中的"标注模式"对多模态语料进行标注。我们将所选定的话语数据详细标注(包括说话内容、音韵特征、肢体语言、面部表情等)后,运行 ELAN 的输出(Export)功能将标注结果输出。ELAN 有多种输出格式,标注结果输出后,用 Microsoft Excel 程序打开该文本文件,这样,视频中的说话内容、语音语调、面部表情、手势动作以及这些音韵策略和肢体语言等所起的语用含义非常清晰地展现出来,可以进行定性分析和定量分析。

（三）数据统计与分析

语料中使用的语言符号数据统计表

语言符号	层	标注数量（次）	平均时长（秒）	总标注时长（秒）	标注时长（%）
语言	口语语言	96	6.19	594.24	19.68
	文字语言	16	10.58	169.28	4.68
伴语言	图片	4	14.39	57.56	1.64
	颜色	3	14.78	44.34	1.26
	升调	16	2.92	46.77	1.33
	降调	52	5.70	296.40	8.44
	停顿	5	3.12	15.60	0.45
目光接触	面向观众	87	3.77	327.99	11.36
	面向多媒体	12	3.12	37.44	0.96
手势	意象性手势	—	—	—	—
	具象性手势	3	2	6	0.17
	指示性手势	22	4.48	98.58	2.81

续表

语言符号	层	标注数量（次）	平均时长（秒）	总标注时长（秒）	标注时长（%）
社会距离	公众距离	8	35.51	284.08	8.10
	社交距离	4	35.06	210.36	6.00
面部表情	微笑	7	2.39	16.73	0.47
	皱眉	2	1.69	3.38	0.08

视频语料中主要使用口语语言(19.68%)和文字语言(4.68%),其中口语语言比重更大,语言模态占主要地位。演讲者在口语语言中大部分时候运用降调(8.44%)来提供信息,讲述事件,有时运用升调(1.33%)来吸引听众的注意、引起听众的思考。口语语言中停顿(0.45%)较少,根据前文宏观方面的分析,这几次来自演讲高潮时演讲者讲话内容被掌声打断,可见受到 TED 演讲时间和模式的影响,讲话者为了在短时间内传递更多信息,语速较快,停顿较少。在目光接触方面,演讲者多为面向观众(11.36%)讲述内容,是提供信息。演讲者偶尔面向多媒体(0.96%),是索取信息。可以把这理解为演讲者从多媒体中索取信息再为听众提供信息的过程。整个视频中没有意象性手势,所以标注中并未体现。指示性手势(2.81%)为主,同时伴有少量的具象性手势(0.17%)。社会距离中使用了公众距离(8.10%)和社交距离(6.00%),公众距离主要运用远镜头,演讲者周围事物、环境都可以看清,这样能看清演讲者身后的多媒体 PPT 上的图像及文字。语料视频中的社交距离并不是演讲者走到现场观众中进行社交互动,而是指视频镜头拉近,视频中以演讲者为主,演讲者与网络上观看视频的观众成为社交距离,观众能看清演讲者的面部

表情的微笑(0.47%)和皱眉(0.08%)。

上面笔者从两个角度对政务微博中同一动态语料全面考察的一种尝试。我们一方面按照动态多模态话语分析框架对视频语篇从文化语境、情景语境、模态关系进行分析,另一方面,我们对 ELAN 软件的切分标注结果进行统计,根据统计结果进行定性分析,讨论动态多模态语篇中概念再现意义、人际互动意义、组篇意义的建构,从侧面验证语篇分析结果。宏观方面对动态语料模态间关系的考察更清楚,但主观性较强,且不能深入细致考察各模态中内部符号使用情况。微观方面的研究借助 ELAN 视频切分软件,对结果进行统计,使得话语分析结果更客观可信,但使用软件分层标注工作量大,且存在一定误差。两种角度的分析各有利弊,所以需要宏观和微观角度考察相互结合,从而揭示动态视频中复杂的符号关系和话语意义。

本 章 小 结

政务微博中的图像模态是表达意义的重要手段,我们把政务微博中的图像模态分为静态图像模态、表情图像模态和动态图像模态,本章就对政务微博中的这三类图像进行了分析。

首先我们从内容和形式两个角度对静态图像模态进行分类,统计总结出频率最高的十类图像内容,并从形式角度分出单图和多图,多图又分为普通多图和九宫格图,对图像形式的使用频率进行统计,发现政务微博静态图像的使用趋势。运用视觉语法的理论框架,挖掘视觉语法对图像阐释的基本原理,对使用频率最高的三类图像——事件图、景色图和政务详情图进行分析。事件图中侧重考察复杂视觉叙事中普通多图之间的关系。景色图分析了九宫格形式景色图的图像意义和宣传效果。政务详情图重点考察漫画图文结合式和人像图文结合式两类政务详情图中图文版面布局形式。

表情符号历经三代发展,已成为网络交际中的重要成员,由系统表情和自定义表情组成的政务微博表情符号是网络表情符号的组成部分,具有文化交流的共通性、题材来源的多元性、表达方式的多样性等网络表情符号的一般特征,还具有乐观的情感表达、美善的价值取向、国家情怀的身份认同等独特个性。政务微博表情符号本质上是一种政务微博的辅助交际手段。它在政务微博中发挥着补充语境、协调关系、情感安抚的语用功能。

政务微博中的动态图像主要表现为视频,我们选择 TED 的一段演讲视频作为动态图像的代表,从宏观角度和微观角度对其进行分析,一方面按照动态多模态话语分析框架对视频语篇从文化语境、情景语境、模态关系进行分析。另一方面,使用 ELAN 视频切分软件,手动分层标注,根据统计结果定性分析,考察各模态中内部各符号的使用情况。两种角度的考察结果相互补充,相互验证。这也是我们对动态图像内部符号复杂关系进行全面分析的一种尝试。

第五章　政务微博的多模态综合分析

第一节　政务微博模态间关系考察

多模态语篇指"任何通过一种以上符号编码实现意义的语篇"(Kress & van Leeuwen 2006：177)。在这个符号体系中,模态间的关系直接影响语篇意义的生成与理解。我们要挖掘政务微博不同模态的媒体之间是如何互相关联,共同实现政务微博的整体意义的。这就需要我们对政务微博模态间的关系进行考察。

一、多模态话语形式之间的关系

张德禄(2009：24—30)把模态之间的关系分为"互补关系"和"非互补关系"。一种模态的话语不能充分表达其意义,或者无法表达其全部意义,需要借助另一种来补充,这种模态之间的关系为"互补关系",一种模态对另一种模态在意义的体现上并没有大的贡献,但仍然作为一种模态出现,这种关系为"非互补关系"。

　　互补关系中又分为强化关系和非强化关系。所谓强化关系是说一种模态是主要的交际形式,而另一种或者多种形式是对它的强化。强化关系可以包括突出、主次和扩充三种。突出是指:一种模态的形式只提供背景信息,使另一种模态形式成为前景而突出出来。主次是指:一种模态成为另一种模态的辅助手段,前者为主要模态,后者则为次要模态。扩充则是一种模态是对另一种模态表达意义的扩充。非强化关系表示两种交际模态缺一不可,互为补充的关系,特别是听觉和视觉的结合。在非强化关系中,有协调、联合和交叉几种形式。在协调关系中,不同的模态共同表达交际者的整体意义,缺乏任何一者将不完整。在同一种模态中,不同类型的媒体也可以形成联合关系,共同来体现意义。还有两种模态交叉体现整体意义的现象。这样,非强化关系可以归结为协调、联合和交叉。

非互补关系表现为一种模态对另一种模态在意义上并没有大的贡献,它们之间的具体关系体现为:交叠、内包。交叠是两种或多种模态同时出现,但它们之间并没有相互强化关系。交叠的几种模态存在冗余、排斥和抵消。内包是不同模态对整体意义的表达没有新的贡献,而只是给予部分或具体的信息。内包可以分为整体与部分、抽象与具体两种。一种模态提供的是另一种模态中的部分信息,而不是附加另外的信息,两种模态是整体与部分的关系。一种模态没有提供不同的信息,但可以使另一种模态提供的信息更加具体和形象,这两种模态间是抽象与具体的关系。

二、政务微博模态间的关系

多模态政务微博一般由文本+图像、文本+视频、文本+链接三种形式组成,其中网页链接中的内容同样为图像或视频,所以我们按照文本+图像、文本+视频两种形式对政务微博中的模态关系进行考察。

(一) 文本+图像

由"文本+图像"组成的政务微博中,图像也有纯文字图像、影像图像、图文结合图像,不同类型的图像与文本之间的关系也不相同。下面依次进行分析。

上面两个微博由博文和图像组成,图像为纯文字图像,博文因字数受限的原因,只能对政务内容简要说明,图像传递政务内容的具体信息。

北京发布 V 🏛

9月5日 09:30 来自 政务直通车

【中共北京市委 北京市人民政府 致全市人民的感谢信】

17．局中习近平总书记中央领导同志的亲切关怀和亲自指挥下，党委重大在落实，我们做着依照指部工作，具得中央全会以后的全面人民和和务，也是我们的直通话和部里与和务的，部组织管理过推在这和中开发，我们的部件多及人员都是这么心感激发着。

在波和和微微的过程中，全市人民的大众、高大度、网络群众关照和大度，最享受成的坚持着，以不安无和是有不决有事和，好到多多，打力等好，那时间市中微业中，交通户户得得序，环境格集整洁，社会十安全被，让这服着大的在那和基础了历的和对自展，让北京和政人民之感的到兴兴以，成来市班，特别是对一些服着对管理需要等求还等不是，广大市民大者多少于展问题积自认力以的问题，我们还认人人民的部件自组能理，部者可以认同和事对理都的了自的，开发，同时让我市民态、走者到行过引力这程了大市内的是质工等着，对结市感是产化厚！我们向我们从中央与每的高的度！

忠的，当发和每会我因有认的十九大精神，以习近平时代中国特色社会主义思想为指导，要认不区自组自组进行以的市民的的精神和中央现要，引和认人民和和、同大只认人认请事态等的地等，不早理论人民的服着等，再谦和、安全等，我们还都要部全部市人民，对广大市民态和能等等支对和出选。

南京发布 V 🏛

2016-4-27 20:30 来自 微博 weibo.com

【南京各大医院五一小长假门诊、急诊安排🏥】备受期待的五一小长假本周六就要正式开启(4月30日~5月2日)。节日期间,南京各医院门诊、急诊怎么安排?@龙虎网 整理了南京市区部分医院的门急诊安排表，需要的快转！😄

以上的两个微博中不能仅有博文,没有图像,或者仅有图像,没有博文,缺少任一部分,都无法体现微博的整体意义。缺少博文就不能把握内容的主题,缺少图像就不能了解信息具体内容,两种模态缺一不可,互为补充。同样表现文字的博文和图像这两种不同类型的媒体联合起来,共

同来体现微博的整体意义。所以以上两种模态之间的关系属于互补类联
合型非强化关系。

平安北京 V 🔰
9月7日 16:01 来自 微博 weibo.com
#百日攻坚行动# 9月6晚，西城交通支队樱桃园大队联合环保部门在西二环白纸坊
桥开展夜查整治，处罚尾气排放不合格车辆12辆，其他违法行为150余起。💪 @
北京交警

公安部打四黑除四害 V 🔰
2016-11-30 17:47 来自 360安全浏览器
【寒风中的暖 协警脱警服为受伤老人御寒】28日上午，气温3℃，河北秦皇岛北
戴河协警张瑛童在上班路上，见一老人被撞受伤倒地，立刻上前救助。天冷低
温，他将自己的警服外套脱下，盖在老人身上御寒。仅穿一件秋衣的他在寒风中
守护老人，直到救援人员赶到。脱下警服，露出的却是保护人民的责任感！

　　以上两个微博中文字是对图片的锚定，仅出现马路上交警的图像，我们
不能确定图像中具体人物和事件，有了文字就能锚定图片中的信息，使信息
更加清晰和具体，文字模态是主模态。图像是对文字的强化与证实，证实文
字模态表意的真实性和可信度，平安北京微博中交警执法图像表明事件真
相、增加新闻信度。公安部打四黑除四害微博文字中"协警脱警服为老人御
寒"，图片中看到协警的衣服盖在受伤老人身上，文字中"仅穿一件秋衣的他

在寒风中守护老人",图片中看到穿着单薄衣服的警察站在老人身边没有离开。图片直观再现了文字所描述的情景,图片内容是对文字内容的强化。所以文本模态与图像模态之间的关系属于互补类主次型强化关系。

 共青团中央 V
今天 11:27 来自 vivo X21屏幕指纹手机
【云南普洱市墨江县发生5.9级地震】据@中国地震台网速报 中国地震台网正式测定：9月8日10时31分在云南普洱市墨江县（北纬23.28度，东经101.53度）发生5.9级地震，震源深度11千米。愿平安！#云南普洱市5.9级地震#

 成都发布 V
2016-6-26 15:39 来自 微博 weibo.com
【明日起 九兴大道北侧实行机动车由东向西单行】#住在成都#为保障地铁5号线九兴大道站主体工程的顺利实施，6月27日至2017年4月24日，九兴大道（创业路路口—高朋大道路口)打围施工，道路北侧便道实行机动车由东向西单向交通（含公交车）。施工期间，需经上述路段通行的受限车辆按交通导向标志的指示，…
展开全文 ∨

政务微博中的图像也常见地图或线路图等。上面两例共青团中央发布的微博中文本内容为云南普洱墨江县发生地震的时间、等级、位置和震

源深度,图像为云南普洱地震位置图。成都发布的微博中文本内容为因地铁施工,道路行车受限提醒,图像为道路交通指示图。图像模态没有给文本模态提供不同的信息,但图像模态提供的是文本模态中的部分信息,并使这部分信息更形象具体。上面两例政务微博中文本模态和图像模态的关系是整体与部分型内包关系。

成都发布 V
2016-6-26 12:45 来自 微博 weibo.com

【全城雨露均沾 最高气温25℃🌧】#成都午间天气#今天弱冷空气影响我市,11时均温20.8℃,穿短裤短裙还是有点冷咯。@成都气象 预计下午到夜间黑云压城,雨水不时落下,个别地方有大雨,气温最高25℃,最低19℃。目前都江堰、彭州、新都等地雨水下得较欢,前方有没有小伙伴在那里玩耍,注意安全哦~

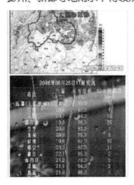

成都发布 V
2016-6-27 12:10 来自 360安全浏览器

【阳光面带羞涩 且短且珍惜】#成都午间天气#阳光花花出来啰喂,温度升高啰喂!11时全市平均气温23.9℃,较昨日升高3℃。@成都气象 预计午后阳光仍将羞涩含蓄,午后最高气温28℃。随着傍晚的来临,云层逐渐占满天空。这样的天气体感舒适,午餐过后大家会不会考虑出去呀?

上面两例是"成都发布"中关于天气的政务微博,两条微博文本内容都是成都当天全市平均气温及天气情况,26 日的微博中图像中包含气象图和成都周边各市县的具体温度信息图,两个图像联合起来是对文本模态表达意义的扩充。27 日的微博中图像由熊猫形象和成都周边各市县具体温度信息组成,图像中的熊猫形象作为背景,文字信息处于前景,使具体温度信息突显出来,微博中图像模态是对微博文本意义的扩充。由此可知,以上两例政务微博图像模态分别以联合、突出的形式与微博文本模态形成扩充型的强化关系。

 中国大学生在线 V 🔖　　　　　　　　　　　　　　∨
9月7日 07:35 来自 微博 weibo.com

#一日之计#没有什么比时间更具有说服力了,因为时间无须通知我们就可以改变一切。——余华

 深圳交警 V 🔖　　　　　　　　　　　　　　　∨
2016-6-30 06:52 来自 iPhone 6

【早安,深圳】多一点快乐,少一点烦恼,不论富或穷,地位高或低,知识深或浅,每天开心笑,累了就睡觉,醒了就微笑。早安,深圳!早安,各位!

这两个例子中的博文内容一个关于时间、一个关于生活态度,图片内

容与博文内容关系不大,图像模态对文本模态在意义的体现上没有大的
贡献,图像模态与文本模态呈现非互补关系。文本模态传递的信息内容
富含哲理却又较为抽象,微博配图给博文内容营造了具体情景和良好氛
围。文本模态和图像模态是非互补类的语境交互关系。

成都发布 V
2016-6-30 11:21 来自 360安全浏览器
【成都市"七一"晚会演活基层党员的酸、甜、苦、辣】#我们给党过生日#昨
晚,"党旗高扬 蓉城先锋"成都市纪念建党95周年"七一"晚会在成都电视台播出。
一个个发生在基层优秀党员身上鲜活的故事,感染了电视机前的基层党员们。晚
会现场的党员故事令青羊区光华街道清康社区书记马素兰十分感动和震撼。……
展开全文 ∨

杭州发布 V
2016-9-2 16:09 来自 政务直通车
【杭州地标那么多,为啥G20的会标偏偏是座桥?】#人文杭州#G20峰会开幕在
即!峰会会标上的桥型图案率先给人留下了深刻的影响,很多人会问,杭州的地
标那么多,为什么会标的主体会是一座桥?"桥"的设计原型在哪儿?有哪些意味深
长的寓意……点图↓↓带你领略优雅诗意的杭州"桥"世界!via@人民日报

这两条政务微博中的图像都是图文结合的形式。所以在分析模态间关系的时候,我们首先要对图像中的图文关系进行分析。成都发布中的这条微博图像中文字模态置于前景,党旗、鸽子、天安门城楼等都作为背景来突出文字信息"我们给党过生日",所以图像中的图文关系为突出型强化关系。整个图像模态对微博文本模态意义的表达没有新的贡献,是内包型非互补关系。杭州发布这条微博图像中的图文关系与前者不同,文字传递主要信息,而各种桥的图像传递次要信息,图像中的图文关系为主次型强化关系。政务微博中的文本由一系列问句组成,主题为"为什么 G20 会标是座桥?"图像模态传递主要信息回答了文本模态中的问题,所以杭州发布这条微博中图像模态与文本模态的关系也是主次型强化关系,不同的是,微博中图像是以文字模态为主而形成的主次型图文关系,再与微博文本模态形成了图像为主的主次型强化关系。

（二）文本+视频

政务微博中的视频既包含各种声音等听觉模态又包含动态图像的视觉模态,不同的是有的视频中听觉模态仅体现为视频中现场人物的语言,有的仅体现为旁白语言,有的听觉模态体现为这两种语言,还有的听觉模态仅体现为音乐。所以我们在分析"文本+视频"政务微博中模态的关系时,也要根据情况分类考察。

下面是"深圳交警"在 2016 年 6 月 29 日发布的一条政务微博,微博中的视频截取自公交车上的监控视频,所以视频中不能体现现场人物语言,视频中包含动态图像和背景音乐。

微博中的动态图像完整还原了小偷偷乘客手机被抓的过程,图像模态主导交际进程,传递主要信息,听觉模态中的背景音乐作为辅助交际的

手段,与图像模态形成主次型的强化关系,共同体现视频所实现的意义。视频中的图像模态对文本模态起到了补充作用,如:文本中描述"一男子趁女乘客上车时,偷了她的手机""公交司机飞奔擒贼",视频图像中显示了男子偷手机,试图逃跑,最后被抓的具体过程及细节,直观再现了公交司机的果敢行动。这条微博如果仅有文本,没有视频,那么微博内容苍白无力,不足以引起受众的兴趣,甚至会引起受众对博文内容真实性的怀疑,相反,如果仅有视频,没有文本,那么视频中所传达的信息也不能准确地被受众接收。所以视频中的听觉模态(音乐)、图像模态与文本模态之间是协调型互补关系。

中国大学生在线发布的这条微博中视频是纽约时报记者采访马云的

实况影像,视频体现为动态视觉图像与人物对话的结合。成都发布这条微博中的视频体现为动态视觉图像和旁白语言的结合。两个视频中的听觉模态(人物对话、旁白等)与视频中的图像模态都形成的是协调关系,在协调关系中,不同模态共同表达视频内容的整体意义,缺乏听觉或视觉模态中任何一者都不完整,故两种模态之间的关系属于协调型互补关系。

　　视频中的视觉模态对听觉模态主要起两个作用:一个是强化,另一个是补充。补充言语模态所缺失的、没有传达清楚的或者观众没有完全接收的信息内容。强化作用是指观众通过视觉模态,使通过听觉模态得到的信息更加清晰和具体;如成都发布这条微博视频的旁白中说"打开后备厢,在后上方有一个应急开关,这就是逃生的法宝"。后上方具体在车的什么位置? 视觉图像中清楚地标示了出来,就连言语模态中未曾提及的应急开关样式,图像中也放大显示给受众。让大家更直观、具体地了解后备厢逃生技巧与流程,实现了微博信息传递的意义。成都发布的视频回答了微博文本中提出的后备厢如何逃生问题,马云采访的视频证实了微博话题"马云将在教师节退休"的可信度。视频内容传递了微博的主要信息,文本模态则处于次要地位,微博视频中的模态与文本模态形成主次型互补关系。

　　在本语料的视频中,听觉模态体现为视频中人物语言和视频中的旁白语言,视频中介绍保护眼睛方法的新闻旁白语是主模态,主导交际进程,视频中对缓解眼睛疲劳提出的建议和方法的眼科医生语言为次要模态,对视频眼科医生的语言进行了弱化。视频背景中的其他声音(如眼保健操的音乐等)与旁白声形成联合关系。而这些音乐、医生语言、旁白语言等听觉模态与视频中的医生、文字等图像模态又形成协调关系,听觉模态与图像模态共同建构视频语篇的整体意义,这两种模态之间的关系

属于协调型非强化关系。最后视频中的两种模态传递了整条微博中的主要信息,回答了微博文本模态中如何护眼的问题,它们与文本模态形成了主次型互补关系。

第二节　多模态政务微博语篇特征

一、多模态语篇分析的基本单位

西方语篇语言学把小句看作语篇研究的基本单位。汉语研究中赵元任和邢福义(1996)从语用层次上提出"零句本位说"和"小句本位说",朱德熙先生(1985)从词组层面提出"词组本位说",宋柔(1992)从计算机处理汉语书面文本的角度提出"标点句说",王洪君认为"汉语语篇最小单位的语法形式是各类短语(加语调均可成语篇单位)"。他把汉语语篇的基本单位命名为"句断"(2014)。那么,如何确定包含图像等非线性单位的多模态语篇其分析的基本单位?

张德禄教授指出,"语言容易识别是因为它是一维的,线性的,知道从哪里开始,如何进行,到什么时候结束;哪些能够解析出来,哪些不能,也都十分清楚。但图像是平面的,是二维的,而空间是三维的,电影是四维的。解析从哪里开始,哪里结束;结构的单位如何确定,大单位和小单位如何确定,其间是什么关系,都还没有像语言的语法那样研究得十分清楚,所以,现在的解析还有很多不确定因素和主观因素"。可见,对多模态语篇基本单位的划分在学术界还没有形成统一的观点。

笔者认为确定多模态语篇单位时,要以多模态语篇创建和理解的过程模式为标准进行切分。我们尝试把由一个或多个模态构成的以主题为导向的"话语片段"作为多模态语篇的基本单位,并在具体的政务微博语料中以此为基础对多模态语篇进行分析。下面我们以两个政务微博为例,探讨多模态话语片段作为多模态语篇基本单位的表现形式。

上图中左边是成都扫黑决定的政务微博,右边是关于成都创新实践的政务微博。这两个多模态政务微博语篇都可以划分出两个话语片段,

左边的微博语篇中第一个话语片段由文字"【成都严打垄断土地资源矿产资源黑恶势力】自扫黑除恶专项斗争工作开展以来,成都市国土资源局结合自身职责……"构成,我们用①标出。第二个话语片段由打向地面的拳头图像,以及文字"扫恶除黑"构成,我们用②标出。其中话语片段①中用文字明确表达了"成都严打垄断土地资源矿产资源黑恶势力"的主题,话语片段②用图文配合的方式形象表达了"扫黑除恶拳头硬,不能手软"的主题。两个话语片段构成一个完整的语篇。

右边的微博语篇中第一个话语片段由文字"【成都的创新实践】创新已成为一种世界语言。然而创新必须互通有无,这就需要国际化……"构成,我们用①标出。第二个话语片段由地球型图标及图标下文字"2016 中国·成都全球创新创业交易会"组成,我们用②标出。其中话语片段①用文字表达出"成都创新实践在发展"这个片段主题,片段②用图文结合的形式表达出"2016 年全球创新创业交易会在成都举办"。两个话语片段构成一个完整的语篇,表达了"成都创新实践不断发展,成都创交会树立了新的里程碑"的语篇主旨。

下面是一个包括视频的政务微博,我们从视频中截取画面,把政务微博划分为以下话语片段,先后顺序用数字表示。

话语片段①由文字模态构成,简述了六岁小曹洋地震中避险的故事。话语片段②由图像模态、文字模态及旁白语言模态构成,表现地震来袭,小男孩向冰箱和角柜中间的安全区域躲避,旁白语言并配合图像下的文字"云南地震局高级工程师指出:他选的位置正好是墙角"。片段③由图像模态构成,表现出地震结束,小男孩从墙角跑出去。片段④为小男孩成功避险后接受采访的内容,由图像模态、语言模态和文字模态组成,小男孩通过语言告诉大家地震中如何避险。4 个话语片段共同表达了"地震中正确避险的方法"这个主旨。

通过对以上三个例子的分析可以看出,用话语片段作多模态语篇的基本分析单位是可行且合理的。话语片断由一种或多种模态构成,为表达语篇的主题服务。话语片段作为多模态语篇分析的基本单位,一方面强调它的意义整体性,另一方面强调其构成成分的灵活性和多层次性。话语片段不是其构成模态意义和功能的简单相加,而是在整合的基础上形成的一个新的意义、功能综合体。

二、多模态话语片段的衔接与连贯

系统功能语言学认为,语篇之所以成为语篇,是因为它含有语篇特征。语篇特征是结合各个衔接手段的抽象概念,它指的是语篇中的词汇语法单位之间的连接关系,具体表现为篇章表层结构上的有形网络——衔接、底层结构上的无形网络——连贯。Halliday 和 Hasan(1976)以语言的功能为依据对实现衔接的手段、衔接手段的种类以及在语言学研究中所处的地位等理论问题进行了全面、系统的阐述。胡壮麟(1996)提出了衔接的多层次模式,他认为任何一个语篇必然依赖其中的某些层次实现其语义的衔接和连贯。

"连贯"作为术语是 Widdowson(1973)提出的。语篇连贯是指语言片段以语篇意象为主线所形成的语义、逻辑上的连贯性。这种连贯性有的通过连接词语来衔接,有的则按一定的时空、逻辑关系来贯通。Halliday和 Hasan(1976)用了语篇性(texture)一词,是与连贯非常相近的概念。Halliday 认为连贯的语篇在语域方面必须是一致的,而在语域方面保持一致的重要条件是整段话语有一个宏观结构,而任何一个宏观结构都必须有一个中心话题。

在衔接与连贯的关系上,没有衔接一定不会产生语篇,衔接是产生语篇的必要条件,是连贯的基础。在衔接与连贯的关系方面,国内学者一致认为,衔接不是连贯的全部,但衔接是促进语篇连贯的重要手段。黄国文(1988)也指出,语篇在形式上的衔接是为了语义上的连贯服务的,是内在语义连贯性的表层形式标志。

笔者在本节要考察的是多模态语篇中不同符号模态之间是通过哪些衔接手段形成一个连贯的多模态语篇的。我们同意以上学者的观点,认为语篇通过形式上的衔接保证了意义上的连贯,而且传统的语篇衔接手段同样适用于多模态语篇。多模态语篇的衔接发生在两个维度上,且衔接手段呈现出立体化特点。一是构成多模态语篇的话语片段之间的衔接,二是话语片段内部不同模态之间的衔接。通过对政务微博语篇的分析,我们发现多模态政务微博语篇话语片段内部的形式衔接手段主要有照应、复现、接续。话语片段之间的衔接方式主要有链式衔接、平行衔接、混合衔接。

（一）话语片段内部的衔接手段

1. 照应

在政务微博中使用照应将话语片段内部不同模态间衔接起来的情况很多，如南京发布（南京市委宣传部新闻发布官方微博）2016 年 7 月 28 日发布的"城南老宅五大避暑神器"的微博中，文字"五大避暑神器"分别照应图像中"水井中的西瓜""大树下的阴凉""室内水井""天井""院门过道"，五个给人凉爽的视觉图像与文字内容衔接起来，保证了对整个语篇理解的连贯性。不同模态间通过照应进行衔接，体现出多模态话语片段的立体化、形象化特点。再如，下面两个图像充分展示了这个特点：

上图分别为南京发布 2017 年 2 月 27 日和 28 日发布的两条微博的话语片段。左侧图像中文字为"2017 南京仙林半程马拉松"，文字的紫色背景与文字下方紫色的路线图形成照应，连贯地传递出这是马拉松路线，语言模态与非语言模态有机地结合起来。右侧的图像是政务微博"南京长途汽车票售票新规"中的话语片段，图像下方文字"实名制购买"与图像中"身份证与出票口中的票手拉手"形成照应。把直白的政务信息传达得立体、形象。

2. 复现

复现衔接手段分为局部复现和整体复现。局部复现指文本中的某个成分被图像形象地重复表现出来,例如,下图是成都发布(成都市人民政府新闻办公室官方微博)2017 年 8 月 31 日发布的微博"8 个简单小动作,轻松缓解肩颈酸痛"其中的两个话语片段。

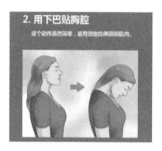

左侧女孩的动作局部复现了图像上方文字"用下巴贴胸腔,这个动作虽然简单,但能有效地拉伸颈部肌肉",右侧图像中女孩的动作也局部复现了文本中的内容"向前弯曲,胸腔打开,向前弯曲,折叠身体,有利于缓解肩颈紧张"。虽然图像是对文字中动作部分的局部复现,但图像的复现使动作要领简单易学,起到了政务微博中提供缓解肩颈酸痛健康信息作用。整体复现的衔接手段指图像对文本内容进行整体的重复。例如:

前门小学学生体验学校里刚刚启用的滑雪模拟机。

101中学的学生在仿真冰场上学习滑冰。

中关村二小的学生在上旱地冰球课。

①　　　　　　　　②　　　　　　　　③

　　这是北京发布(北京市政府新闻办公室官方微博)2017 年 9 月 12 日发布的一条微博"两年 14 万中小学生上冰上雪"中的图像部分,图像是长图,通过鼠标点击可以展示完整图像,我们把完整的长图分为三个话语片段,我们分别用①、②、③标示出来,三个话语片段都由语言模态和图像模态构成。话语片段①中的图像整体再现了文本内容"前门小学学生体验学校里刚刚启用的滑雪模拟机",话语片段②中的图像整体再现了文本内容"101 中学的学生在仿真冰场上学习滑冰",话语片段③中的图像整体再现了文本内容"中关村二小的学生在上旱地冰球课"。话语片段中的内容以直观的形式显现出来,三个话语片段都以图像模态和文字模态整体复现的形式衔接起来,共同体现了微博主题"中小学生上冰上雪"。

3.接续

接续的衔接方式通常表现为语言中未表达出的内容以形象的图像接续地表达出来。下图是上海发布(上海市人民政府新闻办公室官方微博)发布的一条政务微博"垃圾的处理过程"中图像,图像中可以分为两个话语片段,第一个片段是由"可回收物"和下面这行关于可回收物的文字介绍组成,它是单语言模态。第二个话语片段由文字"他们去哪了?"和图像车、房子等构成,在这个话语片段中,语言与图像的衔接是通过文字省略,图像接续的方式实现的,文本仅提出问题,但没有直接回答,而是省略了后面的文字内容,由图像回答。

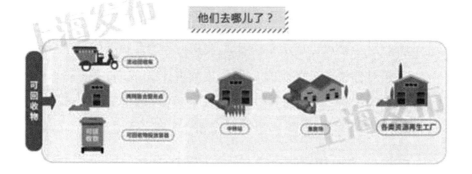

通过对政务微博中话语片段的分析我们知道,不同模态间可以通过

接续的手段进行衔接,用图像表示文中未出现的内容不仅更加直观,容易引起读者注意,还能利用丰富的表达资源增强话语的形象性,如上面关于知识普及型内容的政务微博中,用接续手段进行图文结合,使枯燥的文字内容具有活力,垃圾通过哪些过程,最终去了什么地方也一目了然,达到了政务微博中知识普及的目的。

　　这是共青团中央 2016 年 6 月 19 日父亲节这一天发布的一条微博,微博语篇中没有直白地说出父亲的伟大,仅仅在微博文本中写了一句话"今天,我想对你说⋯⋯",但是后面的内容并未完成,而用了接续的方式,将微博文本和图像衔接起来,紧接着九宫格图像中以图文结合的方式回忆了从小到大父亲的默默付出,九宫格最后一个图像中以文字形式总结,整个微博语篇通过文本模态和图像模态接续衔接的形式构成,给人满满的回忆和感动,让受众不禁感恩父爱。

（二）话语片段间的衔接手段

话语片段之间的衔接类型主要有链式衔接和平行衔接两种。下面我们就用语料分别说明。

1.链式衔接

链式衔接把话语片段之间的关系比喻成"链条"，指话语片段之间有逻辑上或情节上的递进关系和先后顺序，在政务微博语篇中表现为有因果关系的事件或有前后顺序的操作流程的话语片段与主题之间的关系，例如，下面是成都发布（成都市人民政府新闻办公室官方微博）2017 年 3 月 11 日发布的一条政务微博。

这条微博的主题是"红烧牛肉面的做法"。微博中用了九宫格的多图形式,我们把这个多模态语篇分为 9 个话语片段,每个图像为一个话语片段,我们发现这九个话语片段中中间图像表达主题,其他话语片段表现出红烧牛肉面做法的顺序流程,这些话语片段之间构成了链式衔接的关系。动态多模态政务微博语篇中常见链式衔接,因为视频中一般包含多个话语片段,每个话语片段按照时间顺序展示事件情节,并与前后的话语片段进行衔接,而微博中由文本模态组成的话语片段通常表达微博的主题,指出微博传达的正能量信息,达到鼓舞、教育受众的目的。叙事话语片段和主题句话语片段之间以链式衔接在一起,在逻辑语义上共同表达微博语篇的主题。例如,下面这个南京发布 2017 年 9 月 26 日发布的微博"50 年后的还款"。

我们在微博视频中截取了四个画面分别代表微博中的四个话语片段,片段①是一位老人走进医院,片段②一个红包里有一沓百元人民币和一个字条,片段③是语言文字模态"上世纪六十年代因病欠医院三元钱

今献千元请收下",片段④是老人离开医院。四个话语片段以事件发生的顺序依次连接,老人的举动带给读者"诚信为人之根本"的正能量信息。

2. 平行衔接

话语片段间的平行衔接在政务微博中通常表现片段间或相同或对比的关系,多从不同角度说明一个问题,使微博内容更可信更全面,特别是知识普及类,景点推荐类内容的政务微博中常用平行链接的手段使九宫格中的图像结合起来。

左侧是成都发布 2017 年 2 月 23 日发布的主题为"阴天里的太古里"的微博。右侧是北京发布 2016 年 9 月 10 日发布的主题为"残奥会代表团如此优秀"的微博。它们都可以分为 9 个话语片段,左侧 9 个话语片段从俯视、平视、仰视等各个视角,大厦、街道等各个角度表现阴天里的太古里,右侧 9 个话语片段从不同运动员的奖牌照和比赛照体现残奥会代表取得的优秀成绩。每个话语片段都由图像模态组成,图像间是平行关系,从不同视角,不同人物身上共同体现微博主题。

第三节　多模态政务微博修辞特征

传统上,修辞是和语言紧密相连的,但随着多模态语篇的发展,人们使用修辞的领域也得到了扩展,不仅语言中有修辞现象,图片、动画等其他资源符号中也常见到各种修辞手段的身影,交际中不同符号资源通过修辞组织起来形成一个多模态整体,能更简单、清晰、形象地表达交际意义。

我们认为,政务微博中合理运用修辞格能增强发布内容的吸引力,使新闻内容更具感召力。在前文对政务微博文本模态的研究中,我们分析了政务微博文本中修辞的使用情况,本节我们将从政务微博语篇综合角度出发,以实例分析为主,探究政务微博语篇中常见的多模态修辞现象。

一、多模态比喻

长期以来,比喻的研究都体现在语言中,但其实透过语言本身而探讨的比喻只不过是其表现形式的"冰山一角"。除了语言,人们可以感知多种隶属不同模态的符号系统,如图像符号、书写符号、口语符号、手势、声音、音乐、气味、味道、触觉等,语言中本体与喻体的相似性关系也能存在于这些非语言符号形式中。比喻不应仅仅存在于语言之中,也应该存在于静止或动态画面、音乐、手势,甚至触觉和味觉及其各种组合中。所以我们提出多模态比喻的概念,即本体和喻体分别主要由两种不同模态呈现的比喻,多模态比喻可以界定为由两种及以上模态共同参与建构的比喻。

我们认为,在文字与图像所组成的多模态语篇中,比喻包括单模态比喻和多模态比喻。其中,多模态比喻指本体与喻体分属不同的模态,本体在图像、喻体在文字,或者本体在文字、喻体在图像;单模态比喻多为我们前面研究过的文本模态中的比喻,这时语篇中的图像起辅助作用,单模态比喻在第三章文本模态分析中已经讨论过,所以在这节我们不做讨论,总之,多模态语篇中不管使用哪种比喻都是增强语篇表现力的手段。

比喻是政务微博中常用的修辞手段,通常用在以下情况:(1)为了形象、直观地劝说人们明白某种抽象的道理,例如珍惜时间、遵纪守法等;(2)用在通报相对复杂的政务信息中;(3)增加话语的艺术感,使过于正式的微博内容更接地气。

下面两个政务微博分别是"南京发布"和"共青团中央"2016年发布的两条微博。南京发布的这条微博图像中把2016年的时间比成电池,电池中红色的部分为剩余电量,再看看微博发布的时间是9月23日,离2016年结束仅剩3个月时间,所以文字指出"您的2016,仅剩20%",始源域为图像电池,本体为2016年的时间,喻体为图像中的电池,比喻表现为2016年的剩余时间就像电池里剩余的电量,仅仅这样还不够,微博中文本模态的"想充电,可是没有插头……",又增加了比喻的深度,即时间像不能充电的电池里的电量一样,一去不复返。微博语篇通过多模态比喻形象地劝说大家要珍惜时间。

南京发布 V 👑
2016-9-23 07:54 来自 iPhone 6
想充电，可是没有插头……

 共青团中央 V 🏅
2016-4-27 23:05 来自 华为麦芒3
遵纪守法，就算是银河系皇家成员也不能例外！

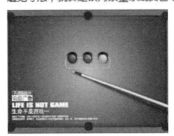

　　共青团中央的这条微博中图像展示给我们的是台球桌上的红、绿、黄三色球，台球杆指向红色球，图像左下角写着"LIFE IS NOT GAME 生命不是游戏"，按照台球的规则，应先击打红球，然后才能击打其他彩色球，游戏活动中人们尚要遵守规则，生命不是游戏，更要遵守规则，微博文本内容"遵纪守法，就算是银河系皇家成员也不能例外"。语篇中将法纪比喻成台球中的规则，任何人都要遵守，没有例外。这两个微博语篇中比喻的本体和喻体都是由语言和图像两种模态共同完成的。

　　除了在说明道理的微博内容中用到多模态比喻，多模态比喻也常出现在政务微博的政策发布、信息公示等内容中，有时为了让复杂的政策简单易懂，政务微博中还会出现其他修辞手段，帮助多模态比喻的实现。例如下面两个政务微博，一个是国务院发布的关怀困境儿童的政策信息，一个是共青团中央 2016 年部门预算的信息公示。

　　左侧微博图像中一只大手送困境儿童来到其他孩子出发的公平起跑线，写着关怀困境儿童的大手代指行动发出者，从而指向发布政策的国务院等政府部门。这个借代由部分代整体，其呈现形式为多模态（图像与文字），充分调用借代，激活比喻所需要的本体和喻体，形成多模态比喻。

微博中的修辞手段体现为：(1)多模态借代：两个身标"其他儿童"的孩子(图文)代所有非困境儿童(文字)；一个身标"困境儿童"的孩子(图文)代困难儿童整体(文字)，这是部分代整体。(2)多模态比喻：把"孩子们受到相同的关怀(文字)"比喻成"红色的公平起跑线(图文结合)"；把"颁发政策的国务院政府部门(文字)"比喻为写着"关怀困境儿童"的大手(图文)。通过多模态借代和隐喻清楚地表明为了让困境儿童跟其他孩子一样健康成长，国务院及时发布关怀困境儿童的政策措施。

右侧共青团中央的这条微博图像中两只大手，对着阳光，翻开写着三公经费的书。这条政务微博中的多模态比喻体现为：(1)"共青团中央(文字)"比喻为"翻开书的两只大手(图像)"。(2)"共青团中央2016年部门预算(文字)"比喻为"写着三公经费的书(图文)"。(3)把"三公经费完全公开"的文字比喻为"账本向着太阳翻"的画面，这种多模态隐喻远比单模态隐喻更加形象。多模态隐喻表现出共青团中央2016年部门预算完全公开，请广大人民群众监督的决心。

对上面两个微博多模态比喻的分析中提到了多模态借代，我们发现多模态比喻和多模态借代常出现在一起，二者的互动过程很复杂。如果说上面几个政务微博中多模态借代和比喻并不明显的话，那么下面的政务微博中二者互动就比较清楚了。

 共青团中央 V 🏛
9月9日 08:51
【人民日报微博评论：压缩问题艺人逍遥的空间】北京演艺界承诺不用涉"黄赌毒"艺人，立场鲜明。既然是公众人物，就应该严格要求自己。如果放纵自我，五毒俱全，还想着"收割"流量，汲汲于将名气变现，怎么可能？不给问题艺人表演舞台，不让问题艺人招摇于世，不让问题艺人误导青少年，应有更多机构发 …
展开全文 ∨

　　微博主题为"压缩问题艺人逍遥的空间"。图像中丰富的喻意来自高跟鞋、针管、骰子、手铐构建的场景。暗红色的背景凸显了压抑的气氛，四个事物以物品代属性，高跟鞋代色情、针管代毒品、骰子代赌博、手铐代法律，高跟鞋、骰子、针管凸显了黄赌毒；手铐凸显了法律及严惩。这些是多模态借代。此外存在一条借代——比喻互动链发挥作用。高跟鞋、骰子和针管借代的黄赌毒位置都处在手铐中间，比喻法律对黄赌毒绝不姑息，必将严惩。图像中表示高度符号化特质的各种实体激活了文字中的"黄赌毒"，图文结合最终实现"压缩问题艺人逍遥的空间"的多模态比喻。

　　上图是共青团中央发布的一条关于校园贷内容的政务微博，主题为"遭遇校园贷绑架，找我！"微博文本模态中对校园贷进行风险提示，并提供了维权微信号，希望帮助学生走出校园贷陷阱。图像中的喻意来自放

大镜和道路指示牌构建的场景。图像中央一个巨大的放大镜显示出"校园贷"三个汉字和"XIAOYUANP2P",放大镜周边的人们可以看清楚校园贷的实质,放大镜中间并无镜片,铁环带刺不平,基于形状的相似性,放大镜铁环与陷阱、牢笼之间产生借代关系,意味着进去后难以出来。图像中放大镜前的道路指示牌中显示红灯,红灯以"以物代属性"突显禁行,继而代指继续前行会带来的事故性后果。整条微博通过以"行为代后果"的多模态修辞手段提醒人们:一旦踏入校园贷陷阱将出现严重的后果。

二、多模态双关

《汉语语法修辞词典》中,双关的定义为:"有意利用语音和语义条件,使词语或句子具有双重含义,言在此而意在彼。"①汉语中存在两种双关类型:谐音双关和语义双关。谐音双关是指利用发音上相同或相近形成的双关。语义双光是利用词的多义性形成的双关。双关就是话外有话,弦外有声,暗藏机锋,隐晦曲折。法国文学家雨果说:"双关是飞舞着灵魂的产物",可见,使用双关能给人来带意想不到的效果。

　　政务微博一般以简练的语言直接表达信息内容,所以双关在政务微博中出现得并不多,不过在我们搜集到的用例中,双关的寓意是通过不同模态之间的相互显示来传达的。例如下面关于"猴年马月"的多模态微博:

 南京发布 V 👑 ⌄

2016-6-5 07:56 来自 iPhone 6

【终于等到了！！🐵今天,"猴年马月"开始了！】根据节气历,猴年12年一个轮回,马月也是12个月一个轮回,"猴年马月"每12年才出现一次。今年6月5日(芒种)至7月3日(小暑前夕),就是传说中的"猴年马月"！网友:原来期盼已久的愿望,终于可以实现了！🖤

　　这是南京发布 2016 年 6 月 5 日发布的一条微博,微博由文本模态和图像模态组成。微博主题"终于等到了！今天,猴年马月开始了!"微博中的幽默效果由猴年马月的双关语义表达。猴年马月有两种理解:

　　① 《汉语语法修辞词典》,安徽教育出版社 1998 年版,第 364 页。

（1）成语，意思是指某些事情的前景尚未可知，也指事情未来的结果无法预料，泛指未来的岁月遥遥无期。（2）指真正的"猴年"和"马月"，根据干支纪年法，猴年12年一个轮回，马月也是12个月一个轮回，"猴年马月"的周期是12年。例如2016年（农历为丙申年）正好是猴年，6月5日开始直至7月7日（芒种节气至小暑节气）是甲午月，正好是"猴年"里的"马月"。微博图像中一个女孩在努力运动减肥，并用文字表现女孩的话语"我要是瘦了得等到猴年马月"，可见，图像中显示的猴年马月是我们在生活中常见的意义（1），而微博文本中的猴年马月是（2）的意义。微博中通过多模态双关给传统理解的猴年马月以时间上新的解释，使微博内容风趣、幽默。而这一效果恰恰是语义和图文相互显示的结果。

这是南京气象11月24日发布的关于天气情况的微博，微博中发布的内容与常见的天气预报情况不同。微博由文本模态和图像模态组成，文本中提醒大家"入冬了，大家出门前要特别关爱小动物"，单从字面上看，入冬了和关爱小动物并无关系，受众不知微博文本的主题内容。图像中揭示了二者之间的关系。图像中一头牛趴在汽车的引擎盖上，图像下文字进行说明"天冷了！有些小动物在车上取暖,请不要赶走它,把这份爱传递下去",图像中文字和文本中两次出现"小动物","小动物"有两种理解:(1)体积小的动物,(2)对动物的泛指,透露出对动物喜爱的感情色彩。可见,微博图像里由视觉上动物体积之"大"和文字中小动物的"小"构成强烈反差,利用图像和文本形成的双关,旨在表现这么大的小动物都在车上取暖,可见温度之低,天气之冷。微博中用幽默的双关手法传递天气信息,形式独特新颖,又让人忍俊不禁。

三、多模态比拟

比拟就是把一个事物当作另外一个事物来描述、说明的修辞方法。比拟可以分为拟人、拟物两类。拟人就是把物当作人来写,赋予物以人的动作行为或思想感情,抒发对事物或现象的内心感受,激发读者丰富的联想,增强作品的感染力;拟物又包括两类:一是把人当作物来写,使人具有物的动作或情态;二是把甲事物当作乙事物来写。运用比拟能收到特有的修辞效果或增添特有的情味,或把事物写得神形毕现,栩栩如生,抒发爱憎分明的感情。

政务微博中常见使用多模态比拟的修辞手段,与语言中的传统比拟方式不同,政务微博中的多模态比拟是通过文本和图像两种模态共同体现的。这让微博内容更加生动,使受众产生感同身受的联想,无论是拟人还是拟物都是一种情感的表达,体现一种换位之思。

这是共青团中央在 6 月 30 日为庆祝第二天党的生日发布的微博。微博内容属于我是党员栏目。我们的分析主要在我是党员的页头部分,这是由图像模态和文字模态组成的。图像部分一只兔子穿着军人服装、

共青团中央 V

2016-6-30 17:23 来自 华为麦芒3

这个生日会竟然引来千人围观！看完泪目......#我是党员# ◢ 网页链接

我是党员

你有你的幻灭，我有我的信仰。为国为民，不畏艰险，不忘初心，不失本心，我是党员！

参与讨论 + 关注

脖子上系着红领巾、嘴上吹着冲锋号。语言模态通过文字写着"你有你的幻灭，我有我的信仰。为国为民，不畏艰险，不忘初心，不失本心，我是党员!"这里通过图像和文字的结合将兔子比拟成党员，将兔子聪明、可爱的特点与党员联系起来。微博中运用多模态比拟的修辞手段表达了发布者对党员及党的生日的正面情感。

　　除了以上包含正面情感的微博中使用多模态比拟，政务微博在传达一些比较抽象的民生信息时也使用比拟，一方面增强信息的可读性，另一方面使人们身临其境、感同身受，如：

南京发布 V

2017-5-26 17:14 来自 百度浏览器

【未来几天南京臭氧污染、高温失控】据@南京环保：下午15时臭氧AQI已经达到150！由于未来几天全市晴好天气持续、紫外线强烈，预计臭氧污染也会持续。同时，未来几天高温也将"失控"，预计明天最高气温32到33℃，周日和下周一都是33到34℃的节奏。端午问你去哪玩，就告诉TA：只要晒不到的地方就好！

　　这是一条关于南京臭氧污染、高温失控的微博。微博文本中提到：紫外线强烈、高温失控，温度达到33—34℃。为了突出温度失控这一主题，微博中还运用了多模态比拟的修辞手段。图像中把玉米拟人化，使玉米具有了人的特征，两个拟人化的玉米不仅有人一样的动作，还有人一样的面部表情。房间内的玉米问"外面热吗？"从外面回来的玉米已变成爆米花的形象生气地回答"闭嘴"。可见通过比拟，微博中成功形象化地传达出温度之高，这让人们有了深切体会。再如：

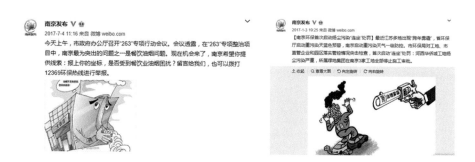

　　这两条微博都是跟我们生活息息相关的环保内容。左侧微博主题为"餐饮油烟整治"；右侧微博主题"雾霾整治"。两个微博都运用了比拟的修辞手法，左侧微博图像中把餐饮中的饭店比拟为人，从他的鼻子中不断的排除油烟废气，这与上面的蓝天形成对比，形象反映了餐饮油烟对环境的破坏程度。右侧图像中把雾霾比拟为人，汽车是他的双脚、烟囱是他的头，他的脚底和头上不断冒出黑烟，形象地向我们展示了汽车尾气和烟囱排放的废气都是雾霾的帮手，治理雾霾的手枪正要将他击毙，这是微博向我们传递政府治理雾霾的行动和信心。

四、多模态对照

对照,就是把逻辑上正反两个对立的特征放在一起加以对比,突出表现人或事物内在特征、特点的对立关系,以加深读者的感受,留下深刻的印象。用对照法刻画人物,可以使人物的性格特点更加鲜明;用对照法描写事物,可以使事物的本质更加突出(王福祥 2002:213)。政务微博语篇中常见在多图、长图和视频中使用对照的修辞手段,主要表现三种关系:(1)以前和现在;(2)重要的和不重要的;(3)好的和坏的。对照是表达评价的重要修辞手段。

这是南京发布的看遍南京四十年的微博,微博主要通过图像中的长图来表现,我们将长图展开并截图如下:

南京发布 🅥 👑
2016-11-9 20:07 来自 iPhone 6

2分钟看遍南京四十年,90%的场景连爸妈都没见过😄

我们在微博图像的长图中截出这 6 幅图像,从 20 世纪 70 年代前的城市景象一直到现在,文字标明了图像所显示的年代和位置,随着文字上

的时间推移,图像中的景象形成对照。6 幅图像让人感到强烈的冲击,四十年来南京城市变化如此之大,让人难以想象。这种对照的修辞手法是通过语言模态及非语言模态实现的。微博中突出显示了南京城市变迁之大的发展之快,让受众对城市未来发展充满信心。

上面是我们在静态多模态微博语篇中分析的对照修辞,下面的例子是对照在动态多模态微博语篇中的使用。

　　这是一条介绍关于桠溪国际慢城宣传片的微博,主要内容在视频中展示,我们把视频切分为以下9个静态图像:

　　每个图像都由图像和文字组成,图像①呈现出繁华的都市夜晚,图像②和③中路上的蜗牛和城市夜晚人们匆忙的背影、飞驰而过的汽车形成对照,图像④蜗牛若有所思,以物比人,图像中出现文字"想追寻内心的宁静?"图像⑤—⑧表现了小蜗牛从想到做的过程,文字模态"路在脚下""抬起头""踏上你的旅途""而你终将到达……",图像⑨自然的背景下,出现了小蜗牛的标志和宣传片的主题"国际慢城 生态桠溪"。整个视频中出现的修辞手法有:(1)蜗牛的慢和都市生活的快形成对照;(2)城市的繁华嘈杂和大自然的简单宁静形成对照;(3)将小蜗牛拟人化,从思考到上路的过程都具备了人的特性;视频中文字衬托着画面,伴随着轻轻的音乐,虽然没有一句旁白,但整个动态语篇通过图像模态、文字模态和听觉(音乐)模态给人以视觉和思想上的冲击,让人们对慢城产生无限向

往,达到了视频的宣传效果。

五、多模态设问

设问是用自问自答的形式引起别人注意的一种修辞手法,常用于表示强调作用。为了强调内容,故意先提出问题,自问自答。运用设问能引人注意,启发思考。政务微博中常使用多模态设问,表现为用文本提出问题,用图像回答问题,一问一答通过两种模态形式结合在一起构成多模态设问。在政务微博中使用这种修辞手法有助于微博内容层次分明、结构紧凑,还可以突出信息重点,使政务微博语篇起波澜,有变化。

上图中左边是北京发布 2016 年 11 月 25 日发布的一条微博,主题为"如何让研讨发言更有质量?"。主题句为问句,文本也为问句,文本中提出问题但并未给出答案,图像以长图的形式进行回答。可见,这是文本模态提问,图像模态回答而形成的多模态设问修辞手法。右边是成都发布 2016 年 2 月 26 日发布的主题为"水果的正确吃法"的微博,微博文本中一连用了三个问句提出问题,"你知道如何挑选? 如何清洗? 如何下口吗?"图像以九宫格形式分别对 9 种水果的挑选、清洗和吃法做了回答。

这也是文本提问,图像回答形成的多模态设问。政务微博中常用多模态设问修辞来组织语篇,以达到引起受众关注、突出信息重点的目的。

　　本节中,我们通过实例分析展示了政务微博中常用的五种修辞手段,当然以上所列并未穷尽所有的修辞资源。通过这五种修辞手段的分析,我们可以得出结论:当代政务微博语篇中修辞手段的运用呈现出多模态、立体化的特点,修辞效果的达成是多种符号共同作用的结果。各模态以擅长的方式共同表现微博主题,传递微博信息。总体而言,图像模态具有更好的直观性,在多模态修辞中发挥重要作用,生动丰富的画面也助于提高微博话语的审美价值。语言模态以其准确性和释义功能,将微博信息的意图明确地传达给受众。视频中的听觉模态一般通过旁白或伴奏音乐实现其价值,旁白和音乐与视觉图像模态紧密配合,提升微博的观赏性和画面传递信息的有效性。多模态修辞在多模态政务微博语篇中具有独特的魅力,在各种模态的配合下通过艺术性的方式把信息传递给广大微民,既满足微民的信息获取的需求,又满足微民的审美需求。

第四节　政务微博多模态话语的关联阐释

一、关联理论阐释政务微博话语的理据性

　　"交际是否必须合作?"这是在质疑格莱斯合作原则时提出的问题,并在此基础上提出了关联理论。有学者认为,交际并不以合作原则为前提,"关联才是交际中最基本的一条原则,这不是因为说话人必须遵守这

条准则,而是因为关联是认知的基础"。(何自然 1995)

关联理论是认知语用学理论,它的提出基于以下两条基本原则:人类的认知倾向与最大限度的关联吻合;人类的每个交际活动都假定其本身具有最佳关联。最佳关联这一概念的提出主要是为了研究听话人应该产生什么样的期待。认为一个话语的关联性可以比期待的关联性要大。为了取得完满的语境效果,在寻找关联的过程中,要进一步追求较高层次的关联。于是他们提出了最佳关联的假设:说话人试图表达的意思是与听话人紧密相关的,值得听话人付出努力并进行加工处理;明示刺激与说话人的能力和偏爱相一致,因而最具关联性。(Sperber & Wilson2008:352—356)

关联理论"试图从人的认知的特点和过程出发,将交际看作是一种认知活动,将认知活动中的相关性作为统揽一切的具有普遍意义的'纲',认为人类的认知互动有一个目标,即在认知过程中力图以最小的投入获得最大的认知效果,为了达到这一目的,人们必须把注意力集中于最为"相关"的信息"(赵艳芳 1998)。对于什么是"相关","关联"这一问题,中外学者都进行过深入浅出的阐释。我们赞同赵艳芳的观点:"'相关'有两种含义。一种是静态的含义,指新信息(话语内容)与旧信息(交际者对世界的认识,即语境信息)之间的某种相关性,只有这样,能据此推导出进一步的新信息,产生语境效果;第二种是动态的含义,指对新信息进行处理时必须使其与已有的旧信息发生关联,即寻找关联,以取得进一步的新信息。对发话者来说,他应提供与对方(受话者)的认知语境相关的信息,以便使对方能明白和理解自己的意图,实现成功的交际;对于受话者来说,他是寻找与新信息相关的语境,以便对话语进行有效的解释,以取得语境效果。"

　　我们采用关联理论分析政务微博话语主要基于以下考虑:政务微博话语意象的表达与理解不是简单的编码—解码模式,而是结合动态语境的认知过程,符合关联理论所提"明示—推理"模式;政务微博话语中无直接、现实的言语互动,在这种隐性对话语境(非面对面的交际)中,交际双方并不总是以合作为前提的,在第三章我们分析过,目标受众在接收到政务微博信息时常出现不解、抱怨、批评,甚至抵触情绪。因此,交际能否进行的前提不是合作,而是关联,即政务微博发布机构能否提供对受众而言最大的关联(一方面引起受众注意并愿意为理解话语付出努力,另一方面为受众解读话语提供保障),另外受众能否通过认知努力找到话语的最佳关联。"讯递者必须担负起责任来,构建正确的定识,判断听者在理解过程中可以掌握哪些代码和语境信息,并认定听者有可能使用它们。避免误解的责任也由言者承担,因此听者要做的仅仅是运用最易得到的代码和语境信息去理解语句。"(Sperber & Wilson 2008:55)

二、政务微博话语的明示——推理过程

　　关联理论强调,语言的交际是一个涉及信息意图和交际意图的明示—推理过程,即说话人的明示和听话人的推理,说话人通过明示行为向听话人传达信息,并呈现自己的意图,听话人随即按照说话人的示意进行推理,得出结论。将意图分为两类:信息意图和交际意图,并将交际意图看作理论的核心。信息意图使听话人明白或更明白一组假设;交际意图使双方互明交际者具有此信息意图,也就是说,只有在说话人表达了交际意图,且该意图被听者接受和理解后,信息意图才能被实现。在政务微博话语中微博发布者积极地向广大微民发出明示刺激,传递信息意图和交

际意图。其中,交际意图和信息意图明示刺激讯号是通过各种语言及非语言符号传递的,换句话说,受众在接受政务微博信息时已经确知微博发布者的交际意图,即希望通过该信息促使其接受某种观点,采取某种行动。政务微博话语意象表达与理解就是政务微博主体提供最佳关联,受众寻找最佳关联的明示—推理过程。

(一) 创设最佳关联

Sperber 和 Wilson 在著作中以问答的形式阐述了他们对非面对面交际活动中"关联"的看法:"在没有明确受讯者的场合,刺激讯号应该假定对谁有关联? 一个明示交际行为的受讯者是讯递者试图修改其认知环境的那些人,他们既可以是某些具体的个人,也可以是符合某种描述的群体。在以广播电台为媒介的交际场合,一个刺激讯号的传递对象甚至可以是任何觉得该讯号对自己有关联的人。这时,讯递者就在把自己的关联推定传递给任何愿意接受它的人。"①在政务微博话语活动中,刺激讯号应该对广大受众有关联,为此政务微博发布者必须使话语与广大受众的认知环境相符合,而社会中每个人的认知环境因其所处物理环境、感知能力、推理能力、记忆等方面的不同而千差万别,因此政务微博话语使用简单平实、容易识记的明示刺激讯号(语言及非语言的),我们在第二章以政务微博文本语料库为基础分析得出的结论证实了这一观点:政务微博用语简单,符合日常表达习惯;第四章对图像的统计证实,政务微博中使用直白易懂的图像元素,这些都是容易识记的明示刺激讯号。

---

① [法]Dan Sperber,[英]Deirdre Wilson 著;何自然,冉永平导读:《关联:交际与认知》,外语教学与研究出版社 2001 年版,第 212 页。

　　为使话语对受众传递最佳关联,政务微博发布者常常有意识地使用先例现象,以期激活受众认知语境中的相关信息,促成受众对政务微博话语意义的识解。

　　"先例"一词,源自拉丁语,意为"以前发生的事""先前说过的话"等,通常被解释为"已有的事例"或"可以供后人援引或参考的事例"。由普通名词演变过来的语言学术语"先例性",基本保留了原样的含义,只是将汉语的解释合二为一,表示"已有的可以供后人援用和参考的事例"(赵爱国 2006)。

　　李向东教授指出:"先例现象可以是言语现象,也可以是非言语现象。言语型先例现象,如先例语句和先例名,有自己的符号形式,能够在言语中直接复现;能言型先例现象,如先例文本和先例情景,不能在言语中直接复现,需要借助其他载体(如先例名、先例语句等)在言语中复现。非言语形式的先例现象可以是绘画作品、雕塑、建筑物、音乐作品等。"[①]

　　关于大众传播话语中的先例现象,国内学者从先例现象的来源到具体文本中的使用特点作了详尽的阐释。我们认为先例现象在政务微博话语中占有特殊的位置,它们在微博语篇中的使用规律体现在以下三个方面:专为微博所宣传的内容服务,即对先例现象的引用应与宣传内容有所关联,符合微博的宣传点;具有大众普识性,即能被各学识层次的群众所理解;具有现代传媒话语特征,先例现象具有时代感,即常引用当代和古代名人、事件等,最重要的是还表现为多模态的引用方式,即先例现象不再局限于文本中,图像、声音等非语言模态中也频繁使用先例现象。

---

① 李向东:《论先例现象与互文本》,《中国俄语教学》2009 年第 1 期。

1. 先例名

先例名指与先例文本、先例情景的名称有关的个体名,以及指向某种标准特质的具有象征意义的名称。李向东指出先例名的基本用途有三种:(1)具有指称意义和称名功能;(2)具有伴随意义和评定功能;(3)作为先例情景或先例文本的能指。政务微博中的先例名也具有以上特点。

政务微博图像中对先例名的引用表现为使用名人形象。政务微博中一般使用古今中外著名历史及文化人物的形象,来宣传精神内涵和城市特色。

"杭州发布"发布的一条主题为"假如历史名人给杭州代言"的城市宣传微博。图像采用前文我们分析过的九宫格图形式,各图像之间为平行衔接,图像中的主角有:爱因斯坦、鲁迅、张爱玲、勾践、乔布斯、诸葛亮、项羽、泰戈尔和牛顿。这些名人涉及物理、经济、文学、历史等方面,不同时期,都是在世界范围内有影响力的公众人物,九个图像中每个人物都说了一句符合自身特点并宣传杭州的话,比如张爱玲的"去杭州,要趁早";诸葛亮的"一生爱杭州、死而后已";爱因斯坦的"一切都是相对的,我对杭州的爱是绝对的"等,微博发布者把古今中外的名人齐聚一起,改编各位名人的代表话语,这让政务微博产生了幽默效果,给人视觉冲击的同时,也能极大地吸引受众的注意力。

微博发布者选择以上几位名人为杭州代言,一方面是由于这九位享有较高的知名度,另一方面他们是各个领域的杰出人才。他们的话语表达了共同的含义:不管我是哪国人,不管我身处什么时期,我都爱杭州,爱这个城市。画面中的九位名人传递出了共同的信息。

我们发现政务微博中使用先例名时,有一个原则是名人形象与政务微博主旨应具有关联性,表现在两个方面:(1)形象与主题协同;(2)形象与语言协同。从上面例子来看,杭州发布的这条微博中名人话语与形象协同,名人话语与主题协同,所以发布者达到了为杭州宣传的目的。

2. 先例文本

先例文本可以是文学作品、影视作品、政论文等。先例文本一般很难完整地存储在人的意识中,而是通过感知常量存在于人的意识中,后者以凝缩的形式展现作品的主要情节、相关的先例情景和先例语句、主人公或者具有鲜明特点的人物名称。言语中,对先例文本感知常量的诉求通常借助于相关的先例语句、先例名和象征标志(如引语、作品人物名称、作者的名称、作品名等)(李向东,2009)。例如下面是"平安北京"2017年8月22日发布的一条政务微博:

平安北京 V
2017-8-22 18:02 来自 政务直通车

【#战狼2#点燃爱国情怀!珍贵影像再现也门撤侨行动🎬】2015年3月29日到4月6日,中国派出3艘军舰分四批从战火纷飞的也门安全撤离了600多名中国公民,同时协助来自15个国家的共279名外国公民安全撤离。一段珍贵影像带你回顾那场惊心动魄的撤侨行动↓↓@军报记者 ◻ 军报记者的秒拍视频

　　这条微博主要介绍当年的也门撤侨行动,也门撤侨行动在 2015 年中央电视台《新闻联播》播出后并未引起强烈反响,但在政务微博中,发布者运用电影《战狼 2》作为先例文本,以纪实的影像再现电影中的情节。我们把政务微博中的动态图像截图为 16 个话语片段,这里我们选取其中的四个话语片段进行说明。

　　先例文本中的故事情节是:经历人生低谷的冷锋卷入了一场非洲国家的叛乱,本可以安全撤离的他,无法忘记军人的使命,犯险冲回沦陷区,在中国海军的护送下,带领难民和同胞安全撤离。从政务微博视频截图出的画面可以看到,2015 年也门局势恶化,中国海军及时抵达,撤侨行动赢得了现场同胞的欢呼,最后一个画面体现为文字"电影讲述的故事就发生在我们身边"。作为先例文本,电影《战狼 2》在 2017 年 7 月 27 日上映后创造了票房神话,成为中国影史上票房最高的电影,正因为先例文本的大众普适性,先例文本的引用与宣传内容关联密切,所以微博点燃了广大微民的爱国情怀,微博中的也门撤侨行动也引起了微民的巨大反响。

3. 先例情景

先例情景指由先例语句或先例名引发并具有某种伴随意义的理想情景。李向东教授指出,先例情景不具有能指形式,与它相关的先例语句、先例名、象征标志、先例文本中的人物名称、先例情景的简要描述均可充当先例情景的能指。我们发现,图像可以成为先例情景的能指形式,因为它集各种元素于一身,通常一个静态的画面已经可以呈现一个情景,动态且具有情节的影片更能表达一个完整的事件情景。

政务微博传递政策信息,因此具有明显的时代特征。这种时代特征在政务微博话语中的表现,除了以上提到的引用当代著名影视作品外,历史事件也成为政务微博中的重要元素。在这类政务微博里,对历史事件的了解程度决定了对微博主旨的理解,而且作为背景知识的事件常常是通过图像来表达的。如下面这则政务微博:

江西消防 V
6月21日 11:02 来自 微博 weibo.com
【凭本事吃荔枝,没毛病!】江西消防古装大片,再度来袭!皇上、贵妃、宫女、太监上演一出宫廷大戏,戏精公公"七字诀"教你轻松学会消火栓。学到这招,你也能吃荔枝! 📹江西消防的秒拍视频

这是江西消防 2018 年 6 月 21 日发布的一条主题为"凭本事吃荔枝"的政务微博,仅看微博文本内容广大微民会一头雾水,作为职能部门的微博发布方"江西消防"所发布内容应该与火灾、救火和消方知识等有关,与"荔枝"又有什么关系呢? 我们把微博中一分钟的动态图像进行切分,切分出六个话语片段,如下所示:

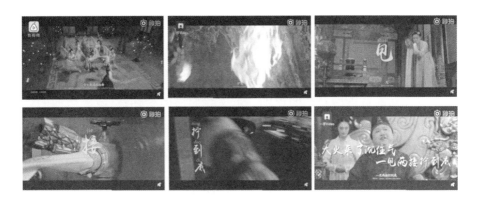

微博图像所展示的画面揭示了先例情景:中国古代唐朝,贵妃编了一支新舞,皇帝正要赏赐荔枝,突然起火,一个宫女沉着应对,演示了正确使用消火栓"一甩、二接、拧到底"的做法,皇帝问她想要什么赏赐。她回答"我也要吃荔枝"。政务微博把枯燥、不受关注的消防知识融入大家熟知的杨贵妃吃荔枝的先例情景,并把消防要点与古代舞蹈中的"甩、接、拧"结合起来,加深人们的印象,从而发布了"凭本事吃荔枝"的消防宣传内容,这条微博被广泛转发,并引起广大微民的强烈反响及好评。

可见,先例现象为民族文化共同体成员所熟知,是目标受众认知语境中的一部分,因此政务微博话语中使用先例现象能增强话语对受众的关联性,另外由于图像、声音等多模态的参与,先例现象得以更丰富、生动的方式呈现,也确保了话语最佳关联性的传达。

（二）寻找最佳关联

以上我们探讨了政务微博发布者如何将自己的信息意图、交际意图明示给受众，接收到这些刺激讯号的受众又是怎样解读政务微博话语的呢？"交际的成功与否取决于受讯者是否有能力推出讯递者的意图"（Sperber & Wilson 2008：220）。对话语意向的理解是一个推理过程，受话人以自己的认知语境为基础，根据发话人传递出的各种明示刺激讯号，构建各种假设，并从中选出对当下话语而言正确的解释。

首先对政务微博意图的识别。上文我们已经论述过，政务微博的体裁特点有助于受众了解政务微博发布者的交际意图，受众在接收政务微博信息之前或接收信息的同时便产生了心理预设，在此基础上再对微博信息进行解读，并对政务微博的具体意向进行推理。

 共青团中央 V

2017-10-30 09:30 来自 微博 weibo.com

【希望工程，28岁生日快乐】1989年10月30日，面对许多贫困儿童不能上学和辍学这一严峻现实，共青团中央和@中国青少年发展基金会 于这一天宣布，通过社会集资，建立救助贫困地区失学少年的基金，资助品学兼优而家庭困难的孩子，实施希望工程。这张解海龙于1991年拍摄的小学生苏明娟认真听课的照片成为"希望工程"形象标志。今天，"希望工程"启动28周年，再一次，为爱转发，传递希望！❤

收起全文 ∧

根据关联理论的观点,推理就是寻找符合说话人意图的最佳关联解释。我们通过具体的政务微博来探讨寻找最佳关联,了解话语意向的过程。下面是共青团中央发布的一条微博。

这是共青团中央 2017 年 10 月 30 日发布的主题为"希望工程,28 岁生日快乐"的政务微博,要了解微博图像,受众需要调动认知语境中的相关知识进行解释:图像中小女孩衣衫破旧,手里握着铅笔,眼神中充满了对知识的渴望,我们能猜测出小女孩正处在接受教育的适龄阶段,虽然家庭贫困,但小女孩眼神里充满着上学读书的诉求。微博文本由陈述句和祈使句组成,文本中用"为爱转发、传递希望"祈使句的形式直接对受众发出倡议,受众在解读完微博图像后形成的"现时语境假设得到加强"。受众经历了思考—明确的推理过程。这条政务微博传递了最佳关联性,一方面话语产生了足够的语境效果(图像和文本激发微民的关注,祈使句加强了对推断结果的肯定),另一方面,受众为理解话语做出了适当的努力(图像丰富了思维过程,祈使句明确意向)。

(三) 关联性·认知努力·语境效果

通过以上对政务微博话语明示—推理过程的分析,我们发现,政务微博的创作与理解就是一个创设关联,寻找关联的过程,目的是达到一定的诣境效果。其中关联性体现在两个层面上:

首先就政务微博信息本身而言,关联性体现在:语篇的衔接与连贯,即语篇各模态之间的联系、话语片段之间的联系,以及话语片段小主题与语篇大主题之间的联系,这是关联性在信息层面的表层体现;先例现象,即语篇中再生文本与前文本之间的联系,这是关联性在信息层面的深层体现。

　　其次就微博话语的交际主体而言,关联性体现在:话语与发话人的关联,包括与发话人意向的关联,以及与发话人认知语境的关联,即话语体现着微博主体(机构)的价值观念;话语与受话人的关联,包括与受话人个人之间的关联(强调大政小情与民众相关),以及与受话人认知语境之间的关联,因此政务微博中常使用与民族核心价值观相关的词汇、形象等。

　　关联性的强弱决定了理解话语所需认知努力的多少,以及语境效果的好坏,它们之间的关系可由下图表示:

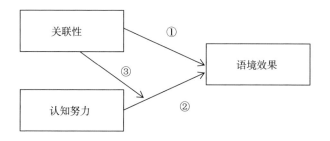

　　为取得一定的语境效果,关联性越强,话语就越直接,受话人的认知负荷就越小;反之,关联性越弱,话语就越隐含,受话人的认知负荷越大。①与②是一种此消彼长的关系,用③和②表示,即最佳语境效果并非来自最大关联性或最大认知努力,而是它们二者之间的完美结合。因此,交际中说话人对关联性大小及认知努力增减的利用就表现为在具体语境中交际策略的选择。在实施一般意图的政务微博言语行为中,话语信息传递了最大关联,受众不用深思熟虑就能明白微博主体的意向,理解话语含义;在实施职能性意图的政务微博中,话语信息传递的关联性足以引起受众注意,受众在经过一定的思考后理解微博含义,我们在前文所论述的各种修辞手段都是政务微博话语为达到语境效果而在关联性和认知努力之间寻找到的平衡点。

本 章 小 结

　　本章从多模态综合分析角度关注政务微博语篇。政务微博不同模态之间互相关联,共同实现政务微博的整体意义。多模态话语片段内部和片段之间运用多种手段进行衔接,形成的多模态语篇体现出多模态修辞特征。我们从模态间关系、语篇特征和修辞特征三个方面对多模态政务微博进行综合考察。

　　我们按照多模态话语形式之间的关系:互补(强化与非强化)和非互补(交叠、内包、语境交互),对政务微博模态间的关系进行考察。在文本+图像、文本+视频两种模式中,模态之间呈现出多种复杂的关系,各种模态互相作用共同建构着政务微博的整体意义。

　　政务微博多模态语篇的衔接主要体现为:构成多模态语篇的话语片段之间的衔接和话语片段内部不同模态之间的衔接。多模态政务微博语篇话语片段内部的形式衔接手段主要有照应、复现、接续。话语片段之间的衔接方式主要有链式衔接、平行衔接、混合衔接。政务微博多模态语篇的衔接发生在两个维度上,且衔接手段呈现出立体化特点。

　　笔者以实例考察了政务微博中的五种多模态修辞:多模态比喻、多模太双关、多模态比拟、多模态对照和多模态设问,虽然政务微博中的多模态修辞远远不止这五种,但通过对这五种修辞的分析我们发现:政务微博语篇中修辞手段的运用呈现出多模态、立体化的特点,修辞效果的达成是多种符号共同作用的结果。图像模态具有直观性,在多模态修辞中发挥主要作用,生动丰富的画面也助于提高微博话语的审美价值。语言模态以其准确性和释义功能,将微博信息的意图明确地传达给受众。视频中的听觉模态一般通过旁白或伴奏音乐实现其价值,旁白和音乐与视觉图像模态紧密配合,提升微博的观赏性和画面传递信息的有效性。

作为交际中的话语,政务微博话语的生成和理解受到发布者和关注者,以及认知语境的影响,是一个明示—推理过程。其中,微博发布者使用各种语言及非语言手段将话语的信息意图和交际意图向关注者明示,力图达到最佳关联,先例现象的使用就是政务微博发布者为减少意义阐释所付出的努力、增大认知关联而采取的一种语用策略。

结　　语

　　本书秉持多符号系统共同表达话语含义的基本原则,突破传统话语分析仅局限于语言本身的分析框架,将图像、表情等非语言模态纳入研究范围,从多模态角度研究政务微博话语,确定多模态话语分析的基本单位、理论框架、探讨多模态语篇的衔接与连贯、多模态修辞特征、政务微博话语中多种模态间的关系及各模态间如何建构整体意义,对政务微博话语作了较为全面、系统的分析。得出以下结论:

　　1. 政务微博话语是基于新型传播媒介带有政治话语特点的机构话语。政务微博话语内容除了相关政策法规、政务概要等,微博内容扩展到人们生活的各个方面。话语主体为政务微博的发布者和参与者,广大微民是直接参与者,媒体和政府机构其他部门是间接参与者和核查者,作为一种特殊的政治话语,政务微博话语具有权势隐蔽、亲和力强的特点。

　　2. 政务微博文本中大量使用流行词语及修辞手段,语言活泼、语气丰富,微博文本以传递信息为主,说明问题、陈述事件,为了突出焦点信息,微博话题中也常见标记性主位,政务微博可分为一般性意图和政府职能性意图言语行为两类,不同意图的政务微博采取不同的发布策略。

　　3. 政务微博使用丰富的图像资源,对图像形式的使用频率进行统计,发现普通多图和九宫格图是静态图像的使用趋势。图像中表情符号由系统表情和自定义表情组成,本质上是一种政务微博的辅助交际手段,它具有文化交流的共通性、题材来源的多元性、表达方式的多样性等网络表情符号的一般特征,还具有乐观的情感表达、美善的价值取向、国家情怀的身份认同等独特个性。不管是静态图像、表情图像还是动态图像,在表达意义时,画面中的矢量、空间布局、拍摄角度等因素都传递出图像的再现功能、互动功能和构图功能。

4.多模态话语形式之间的关系为:互补(强化与非强化)和非互补(交叠、内包、语境交互),在政务微博"文本+图像""文本+视频"两种模式中,模态之间呈现出多种复杂的关系,各种模态互相作用共同建构着政务微博的整体意义。

5.关联性和整体性也是多模态语篇的基本特征,这由衔接与连贯手段实现。连贯主要体现为语篇中小主题与大主题的统一,衔接主要体现在两个维度上:(1)话语片段内部,衔接手段主要有照应、复现、接续。(2)话语片段之间,衔接方式主要有链式衔接、平行衔接、混合衔接。通过衔接手段而形成的多模态政务微博语篇在修辞手段上呈现出立体性特点,修辞效果的达成是多种模态多种符号共同作用的结果。

6.作为交际中的话语,政务微博话语的生成和理解受到发布者和关注者,以及认知语境的影响,是一个明示—推理过程。其中,微博发布者使用各种语言及非语言手段将话语的信息意图和交际意图向关注者明示,力图达到最佳关联,先例现象的使用就是政务微博发布者为减少意义阐释所付出的努力、增大认知关联而采取的一种语用策略。

本书的研究在理论上验证了政务微博话语多模态研究的可行性,为政务微博发布者提供理论依据和方法借鉴。提示政务微博发布者在使用各种模态时可能产生的不同效果,以及如何避免出现语言不规范现象,提高政务微博新闻语篇发布质量,有效地发挥政务微博的政务公开、宣传教育等社会功能,加强政府和公众之间的沟通行动效能,对于维护社会稳定具有重要的意义。

　　本书的研究对象是政务微博话语,这包括中央和各级政府的官方微博,为了语料具有代表性,我们从政务微博综合影响力报告排名前十二位的官方微博中抽样组建语料库,这无疑忽视了对其他政务微博话语的考察,不同级别、不同职能的政务微博话语存在共性和差异,这在我们的研究中也没有涉及。虽然接近尾声,但关于多模态视角下政务微博话语的研究还远远没有结束,在未来的研究中,笔者会继续扩大考察范围,考察根据职能不同的政务微博话语内部存在的异同,并在多模态视角下全面考察推特话语特点,力求在多模态视角下把政务微博话语、推特与微博话语差异全面、细致地展现在学界面前。

参 考 文 献

中文文献

著作类

胡壮麟:《系统功能语言学概论》,北京大学出版社 2005 年版。

代树兰:《多模态话语研究:电视访谈的多模态话语特征》,上海外语教育出版社 2015 年版。

胡超:《跨文化交际:E 时代的范式与能力建构》,中国社会科学出版社 2005 年版。

封宗信:《现代语言学流派概论》,北京大学出版社 2006 年版。

[美]莱考夫、[美]约翰逊:《我们赖以生存的隐喻》,浙江大学出版社 2015 年版。

屈承熹著,潘文国等译:《汉语篇章语法》,北京语言大学出版社 2006 年版。

冉永平、张新红:《语用学纵横》,高等教育出版社 2007 年版。

韦琴红:《视觉环境下的多模态化和多模态话语研究》,科学出版社 2009 年版。

王福祥:《话语语言学概论》,外语教学与研究出版社 1994 年版。

徐赳赳:《现代汉语篇章语言学》,商务印书馆 2014 年版。

杨惠中:《语料库语言学导论》,上海外语教育出版社 2002 年版。

于根元:《中国网络语言词典》,中国经济出版社 2001 年版。

朱永生、严世清:《系统功能语言学再思考》,上海外语教育出版社 2001 年版。

张伯江、方梅:《汉语功能语法研究》,江西教育出版社 1996 年版。

赵毅衡:《符号学原理与推演》,南京大学出版社 2011 年版。

邹韶华:《语用频率效应研究》,商务印书馆 2001 年版。

朱德熙:《语法讲义》,商务印书馆 1982 年版。

周滨:《"微博问政"与舆情应对》,人民出版社 2012 年版。

论文类

邓耀臣、冯志伟:《词汇长度与词汇频数关系的计量语言学研究》,《外国语》2013 年第 3 期。

顾曰国:《论言思情貌整一原则与鲜活话语研究——多模态语料库语言学方法》,《当代修辞学》2013 年第 12 期。

黄昌宁、李涓子:《词义排歧的一种语言模型》,《语言文字应用》2000 年第 3 期。

胡壮麟:《社会符号学研究中的多模态化》,《语言教学与研究》2007 年第 1 期。

胡壮麟:《谈多模态小品中的主体模态》,《外语教学》2011 年第 4 期。

胡壮麟、董佳:《意义的多模态构建——对一次 PPT 演示竞赛的语篇分析》,《外语电化教学》2006 年第 3 期。

李战子、陆丹云:《多模态符号学:理论基础、研究途径与发展前景》,《外语研究》2012 年第 2 期。

梁芷铭:《话语释放与权力聚合——当代中国政务微博话语权研究的本

体和价值维度》，《湖北社会科学》2013 年第 3 期。

梁兵、蒋平：旅游语篇多模态话语分析与中国文化对外传播》，《外语学刊》2015 年第 2 期。

潘艳艳：《政治漫画中的多模态隐喻及身份构建》，《外语研究》2011 年第 1 期。

潘艳艳、李战子：《国内多模态话语分析综论（2003—2017）——以 CSSCI 来源期刊发表成果为考察对象》，《福建师范大学学报（哲学社会科学版）》2017 年第 9 期。

喻国明：《传播语法的改变与话语方式的革命》，《现代传播》2007 年第 4 期。

王莹、辛斌：《多模态图文语篇的互文性分析——以德国〈明镜〉周刊的封面语篇为例》，《外语教学》2016 年第 6 期。

张伯江：《功能语法与汉语研究》，《语言科学》2005 年第 6 期。

张伯江：《施事角色的语用属性》，《中国语文》2002 年第 6 期。

张德禄：《多模态话语分析综合理论框架探索》，《中国外语》2009 年第 6 期。

张德禄、郭恩华：《多模态话语分析的双重视角——社会符号观与概念隐喻观的连接与互补》，《外国语》2013 年第 3 期。

张德禄：《多模态话语中的情景语境》，《解放军外国语学院学报》2018 年第 5 期。

张德禄：《系统功能理论视阈下的多模态话语分析综合框架》，《现代外语》2018 年第 8 期。

朱永生：《多模态话语分析的理论基础与研究方法》，《外语学刊》2007 年第 2 期。

左岩：《汉英部分语篇衔接手段的差异》，《外语教学与研究》1995 年第 3 期。

外文文献

Baldry, Anthony, Thibault, Paul, *Multimodal Transcription and Text Analysis*, London, Oakville: Eyuinox, 2006.

Barthes, R., Image – Music – Text, Trans. H. *Iswolsky*. London: Ox ford University Press, 1977.

Brown, G & Yule, *Discourse Analysis*, London: Cambridge University Press, 1983.

Francisco, Yus., *Cyber Pragmatics*: *Internet – mediated Communication in Cont*, Amsterdam / Philadelphia: John Benjamins Publishing Company, 2011.

Halliday, M.A.K, *An Introduction to Functional Grammar (2nd Ed.)*, London: Edward Arnold, 1994.

Forceville, C. &Urios–Aparisi, E., *Multimodal Metaphor*, Berlin&New York: Moutonde Gruyter, 2009.

Gregory Martin, *Language and Situationg*, London: Routledge. *keganpau*, 1997

Grece, H.P., *Logic and conversation*, New York: Academic Press, 1975.

Johnson, M., *The Body in the Mind*: *The Bodily Basis of Meaning*, *Imagination*, *and Reason*, Chicago: University of Chicago Press, 1987.

Kress, G.&van Leeuwen, T., *Reading Images*: *The Grammar of Visual Design*, London: Routledge, 2006.

Kress, G.&van Leeuwen, T., *Multimodal Discourse*: *The Modes and Media of Contemporary Communication*, London: Arnold, 2006.

Kress, G.& van Leeuwen, T., *Multimodal Discourse*: *The Modes and Media of Contemporary Communication*, London: Edward Arnold, 2001.

Kress, G., Multimodality: *A Social Semiotic Approach to Contemporary Communication*, London: *Routledge*, 2010.

Lakoff, G. &Johnson, M., *Metaphors We Live by*, Chicago: University of Chicago Press, 1980.

Martinec, R. &Van Leeuwen, T., *The Language of New Media Design: Theory and Practice*, London: Routledge, 2007.

Norris, S., *Analyzing Multimodal Interaction: A Methodological Framework*, London: Routledge, 2004.

O'Halloran, Kay., *Multimodal Discourse Analysis: Systemic-Functional Perspectives*, London: Continuum, 2004.

责任编辑:赵圣涛
封面设计:胡欣欣

图书在版编目(CIP)数据

多模态视角下政务微博话语研究/马莹 著. —北京:人民出版社,2023.9
ISBN 978-7-01-025694-8

Ⅰ.①多… Ⅱ.①马… Ⅲ.①电子政务-舆论-研究-中国 Ⅳ.①D63-39

中国国家版本馆 CIP 数据核字(2023)第 082467 号

多模态视角下政务微博话语研究
DUOMOTAI SHIJIAO XIA ZHENGWU WEIBO HUAYU YANJIU

马 莹 著

人民出版社 出版发行
(100706 北京市东城区隆福寺街 99 号)

中煤(北京)印务有限公司印刷 新华书店经销

2023 年 9 月第 1 版 2023 年 9 月北京第 1 次印刷
开本:710 毫米×1000 毫米 1/16 印张:16
字数:260 千字

ISBN 978-7-01-025694-8 定价:79.00 元

邮购地址 100706 北京市东城区隆福寺街 99 号
人民东方图书销售中心 电话 (010)65250042 65289539